한국 독자 여러분! 반갑습니다.

안녕하세요? 『연애 고수들의 대화법』 저자 옌공즈입니다.

만나뵈서 반갑습니다.

연애 고수들의 대화법 한국어판 출간에 즈음하여

한국 독자 여러분들께 인사드릴 수 있게 되어

무한 영광입니다. 감사합니다.

옌공즈(燕公子)

燕公子

연애 고수들의
대화법

도대체 남자와 무슨 얘기를 할까?

연애 고수들의
대화법

옌공즈 지음 | 최지선 옮김

S|A 시아

이 책을
왜 사야 할까?

책 한 권을 구입하는 데는 보통 1만 5천 원 내외의 돈이면 된다. 이 책을 다 읽고 난 후에 당신은 이런 생각을 할 수도 있다.

'내가 이 책을 왜 샀을까? 이 돈으로 맥도날드에 가서 한 끼 때우고 말 것을, 이 따위 책 본다고 돈 낭비, 시간 낭비를 하다니, 생각할수록 손해인 것 같네.'라고 말이다.

내 생각엔 이 책이 모든 여성에게 꼭 필요하지는 않다. 만약 이 방면에 정말 자신이 있다면, 정말로, 지금, 바로, 책을 덮고 나가서 실제 삶에서 부딪쳐 보라. 그러나 조금이라도 어려움이 있거나, 내가 쓴 이전의 책을 다 다 읽었는데도 여전히 해결하지 못한 부분들이 있다면, 이 책을 펼쳐서 잘 생각해 보는 것도 괜찮을 것이다.

당신은 롱스커트를 입고, 긴 머리를 찰랑거리며, 하이힐을 신었는데, 왜 아직까지 남자 친구가 없을까?

당혹스럽지 않은가? 나는 분명히 꽤 예쁘게 생겼는데, 왜 잘생긴 남자들은 오히려 못생긴 그녀를 선택할까? 분명히 내가 먼저 알고 지내던 남성이고, 여러 번 같이 놀기도 했는데, 오히려 다른 여성과 가까워지다니 말이다.

여성을 볼 때 얼굴을 먼저 평가하는 이 세계에서, 당신이 승리할 수 있는 똑같은 힘을 가진 무기가 있다. 그것은 바로 '말을 잘하는 것'이다.

내 친구 한 명이 결혼을 하면서, 많은 사람들에게 청첩장을 보냈다. 그 친구의 결혼식은 산중턱에서 거행되었는데, 매우 독특했다. 결혼식 당일, 친구들이 모두 도착했다. 그 중 한 친구가 숨을 헐떡이며 늦게 도착했는데, 올라와서는 이렇게 말했다.

"축의금 냈는데 밥도 못 먹고 돌아가는 게 억울하다고 생각 안 했으면, 이렇게 높은 데까지 올라오지 못했을 거야."

이것이야말로 말로 천 냥 빚을 갚기는커녕 오히려 빚을 지는 경우이다. 분명히 축의금도 주었고, 힘들게 산중턱까지 올라왔지만, 신랑신부는 그 친구가 전혀 고맙게 생각되지 않았다.

또 다른 친구는 메이크업을 하는 친구인데, 솜씨는 뛰어나지만, 이 친구 역시 말솜씨가 그다지 좋지 않다. 하루는 연배가 좀 있는 가수가 그 친구를 찾아왔다. 이 가수는 분장실에 들어오자마자, "이런!

어제 밤을 새웠더니, 이것 좀 봐. 눈 밑에 다크서클이 생겼네요."라고 했다. 내 친구가 그 가수를 한 번 쓱 보더니, 바보처럼 이렇게 말했다. "괜찮아요, 밤을 새셔서 다크서클이 생긴 게 아니고요, 그 연세 되신 분들은 모두 그 정도 다크서클은 생겨요." 그 날 이후, 이 가수는 다시는 내 친구를 찾지 않았다.

예전에 내가 알던 정말 못생긴 사장님이 계셨는데, 너무 못생겨서 몇 번 보면, 전염될까 무서울 정도였다. 사람들은 아부를 할 때도 정말로 조심스럽게 해야 해서, 기껏해야 "사장님 정말 능력자세요.", "사장님 현명하십니다.", "사장님, 아량이 넓으세요." 정도였다. 유일하게 사장님의 비서는 비록 외모는 못생겼지만, 모든 일에 아무 거침이 없었다. 한 번은 노래를 부르러 갔는데, 그 비서가 꼭 사장님과 함께 사진을 찍겠다고 하는 것이다. 사장님이 도대체 왜 그러느냐고 물었더니, 그녀는 달콤하게 미소를 지으며 이렇게 말했다. "제가 저희 엄마한테 우리 사장님이 정말 잘생기셨다고 했거든요, 엄마가 안 믿으시니 인증 샷 찍어서 보여드리려고요." 모두들 숨을 죽이고 있었다. 아부도 이런 식으로 눈도 깜짝하지 않고 거짓말하는 것은 정말로 위험하기 때문이다. 과연 사장님이 부끄럽고 분해서 화를 내셨을까? 아니다. 사장님이 "하하하" 크게 웃을 거라고 누가 생각이나 했겠나. 그 사장님은 얼굴을 붉히지도 않으시고 오히려 얼굴에 철판을 까신 듯 "남자 친구한테는 보여주지 마. 그랬다가 그 친구가 질투하면 어떻게 해?"라고 말하는 것이다. 그 순간, 나는 깊이 깨달았다. '남자들은 이 정도로 자기에 대한 주제파악이 안 되는구나', '듣기 좋은 말이 이렇게 지능이 떨어지는 수준까지 되어도 믿을 수 있구나'하고 말이다. 그래서 말을 잘하는 것은 아주 뛰어난 재주이다. 말만 잘하면, 잘못을 했더라도, 다른 사람에게 좀 더 쉽게 용서를 받을 수 있다.

당신은 말을 잘하는가? 여러 명이 함께 이야기를 나누며 걸어가다가 각자 멀리 떨어져서 하늘을 쳐다보며 걸어야 했던 상황에 맞닥뜨려 본 적이 있는가? 메신저의 대화창을 보면서 어떻게 대답해야 할지 몰라 고민했던 적이 있는가? 얼굴 맞대고 이야기할 때 전혀 이야깃거리를 찾을 수 없어 난감했던 적이 있었나? 이 책의 독자들이라면 긴장하거나 두려워할 필요가 없다. 이 책이 입을 열어 말할 때 생기는 모든 문제들을 해결해 줄 것이기 때문이다.

말을 잘하면, 잘생긴 남자들도 당신을 따를 것이다. 말을 잘 못하면, 천하일색의 미남이 당신에게 반해서 다가왔다가도 달아나 버릴 것이다. 이제 쓸데없는 말 그만하고, 다음 페이지를 넘겨서 나와 함께 어떻게 말해야 남자를 사귈 수 있을지 배워보자.

Contents

Chapter 8

연인 관계, 오직 여자에게 달려 있다

Appendices

만능 팁

◆

Chapter 1

인내심을 갖고 기다리면,
기회는 꼭 온다

남신[1](男神; 깔끔하고 단정하며 잘생긴 남자를 가리키는 말)을 대할 때 가장 좋은 비법은 마음을 가라앉히는 것이다. 먼저 매일 자신에게 100번 이야기하라. "남신이 죽지만 않는다면, 나에게도 사랑을 고백할 기회가 있다." 당신 눈에 한 사람이 들어왔을 때, 급하게 저돌적으로 고백하지 마라. 거절을 당해도 집요하게 달라붙지 않아야 여전히 친구로 남을 수 있다. 좋은 오빠처럼 되어도 상관없다. 그의 생활 속에 자주 나타나야 한다. 앞으로 나아가면 높은 경지에 도달할 수 있고, 물러서더라도 경쟁자를 막을 수 있다.

---

1) 저자는 보통의 남자와 구별하기 위해 여성들이라면 누구나 흠모하는 잘생기고 훌륭한 남자를 '남신'으로 구분하여 쓴 것 같다. 따라서 저자가 남성을 남신으로 쓴 경우, 역자는 그대로 남신으로 번역하였다.

낯선 사람에게
작업 걸기

누구나 첫눈에 반했던 순간이 있었을 것이다. 갑자기 남신이 내 삶에 나타난다면, 어떻게 해야 할까? 첫눈에 반한 남자에게 어떻게 다가가야 할지 알아보자.

누군가에게 작업을 걸 때는 가장 중요한 두 가지 원칙이 있다. 첫 번째, 상대방이 난처함을 느끼게 해서는 안 된다. 전화번호를 묻거나, 이름을 묻는 것같이 말이다. 남성들은 무척 난처해 할 것이고, 어리둥절해서 당신이 뭘 하려는지조차 모를 것이다. 두 번째, 목적성이 너무 뚜렷하게 드러나면 안 된다. 남성은 사냥꾼의 본능을 가지고 있기 때문에 여성이 너무 주도적인 것은 별로 좋아하지 않는다. 따라서 낯선 사람에게 작업을 걸 때는 예의와 절제의 기술이 필요하다.

먼저 전혀 모르는 사람에게 작업 거는 방법에 대해 이야기하겠다. 기본적으로 이런 일이 일어날 수 있는 장소는 두 가지로 나눌 수 있다.

첫 번째, 조용하고 고정적인 장소, 즉 사람들이 왔다 갔다 하지 않고, 남자가 상대적으로 안정적인 한 자리에 앉아 있는 곳이다. 예를 들어, 도서관, 대형 강의실을 예로 들 수 있다. 이때는 '공유법'으로 남성에게 다가가야 한다. '공유법'이란 재미있는 이야깃거리를 찾아 남자에게 알려주는 것이다. 예전에 어떤 수업을 들을 때, 이 방법으로 남자에게 작업을 걸었던 적이 있다. 그 때, 나는 우리를 가르치던 선생님께 마침 이상한 버릇이 있는 것을 발견했다. 그래서 수업 시간에 그 남자 주위에 앉아서, 그의 팔꿈치를 툭툭 쳤다.(이 동작이 중요하다. copy해도 된다.) 그는 집중해서 매우 진지하게 공부하고 있다가, 내가 건드리자, 고개를 돌리며 미간을 찌푸렸다(너무나 섹시했다). 그때 나는 작은 목소리로 입을 가리고 소곤소곤 말했다. "저것 좀 봐요. 선생님이 손바닥을 쫙 펴면서, 힘을 주어 교탁에 붙어 있을 때, 바로 방귀를 뀐다고요, 저기 저기요." 그러고 나서 선생님은 내 체면을 세워주듯이 방귀를 뀌었는데, 소리는 크지 않았지만, 그래도 들렸다. 그가 웃었다. 나와 그 남자는 아주 빠르게 공통의 비밀을 가진 좋은 친구가 되었고, 관계는 순식간에 가까워졌다. 당연히 방귀 뀌는 예를 그대로 답습하면 안 된다. 도서관에도 발가락을 후비거나, 코를 골거나, 쪽지를 전해주거나 하는 일들이 분명히 있는데, 주목해야 할 것은 다가가고 싶은 남신과 공유할 수 있는 재미있는 일이 나와 한 번도 말을 해 본 적이 없는 낯선 사람까지도 친구로 변하게 할 수 있다는 것이다.

두 번째, 시끄럽고, 붐비는 장소, 예를 들면 술집 같은 곳이다. 술집에서 상대에게 작업을 걸 때 가장 중요한 것이 무엇이겠는가? 맞다! 바로 눈빛이다. 남신이 당신을 뚫어지게 바라보고, 시선을 옮기지 않는 것을 발견할 때까지 쳐다봐야 한다. 남신이 당신의 시선을 느껴서 쳐다볼 때는 바로 눈꺼풀을 내리깔고 허둥대야 한다. 그러고 나서 좀 지난 뒤에 다시 한 번 시도하는데, 이때는 더 오랫동안 바라보면서, 화장실에 가도 좋고, 냅킨을 가지러 가도 좋다. 이렇게 그의 주변을 한 번 지나간다. 지나갈 때는 천천히, 눈은 곁눈질하면서, 그가 당신을 보았다는 것을 확신할 때 아무 일 없다는 듯이 지나친다. 그리고 자리에 돌아와서는 친구들과 술을 마시고 그를 전혀 보지 마라. 만약 그가 아직 자발적으로 당신에게 다가오지 않는다면, 계속해서 처음에 했던 것처럼 눈빛을 응시하고, 다시 한 번 한다. 눈이 마주쳤을 때, 이번에는 아래를 보지 말고, 살짝 미소 지으며, 다시 시선을 옮긴다. 이렇게 하면, 그가 당신에게 말을 걸 확률이 90% 정도 된다.

동료나 익숙하지 않은
친구에게 작업 걸기

앞에서는 낯선 사람에게 작업 거는 방법에 대해 이야기했는데, 이번에는 작업 걸고 싶은 사람이 익숙하지 않은 동료이거나, 친구의 친구일 때는 어떻게 해야 할까에 대해 이야기해보려고 한다.

내 개인적인 생각으로 가장 좋은 방법은 그와 당신 모두를 알고 있는 사람을 통해서 모임을 만든 뒤, 모임 속에서 친해지는 것이다.

여러분은 분명히 이렇게 말할 것이다.

"같이 아는 친구가 없다면 설마 두 눈을 똑바로 뜬 채 그 사람이 떠나가는 것을 보고만 있어야 한단 말인가요?"

첫 번째로 작업 걸고 싶은 사람이 익숙하지 않은 동료라면 아주 편리한 점이 있다. 바로, 기본적으로 매일 볼 수 있다는 것이다. 이럴 때는 그에게 도움을 청하는 것만큼 더 좋은 방법은 없다. 당신이 그의 전공 배경을 비교적 잘 알고 있다면, 도움은 업무와 관련된 것일 수 있다. 두 사람의 업무가 전혀 관계가 없다면, 다른 종류의 도움을 청할 수 있다. 실패할 확률이 전혀 없는, 몸을 쓰는 일을 하면 된다. 즉 물통을 바꿔 준다든가, 물건을 들어준다든가 하는 것은 모두 아주 좋은 핑곗거리가 된다. 아마도 당신은 또 이렇게 말할 것이다.

"전혀 다른 부서에 있고, 다른 사무실에 있어서, 회의 때나 아니면 우연히 만나는 동료라면 어떻게 해야 하나요?" 이럴 때는 도움을 받을 수 있는 또 다른 주제가 있다. '처세술의 도움'이라고 부르는데, 이것은 전공과 관련이 없고, 체력과도 관련이 없는 완전히 옛날 선배들의 경험으로부터 나온 가르침이다. 예를 들어, 당신이 신입이어서 회사 환경과 업무 과정에 익숙하지 못하거나, 어떻게 동료들과 잘 지내야 하는지 모를 때, 그에게 물어볼 수 있다. 그가 당신처럼 신입이 아니라면, 기꺼이 당신의 고민을 들어줄 것이다. 처음에는 이런 질문이 좋을 것 같다. "xx사장님은 무척 엄격하신 것 같아요, (사실 엄격한지 아닌지는 중요하지 않다) 그런데 회의할 때 보니 선배님께 무척 상냥하시더라고요. 저를 보실 때는 굳은 표정이시던데, 어떻게 하면 선배님처럼 자연스러워질 수 있을까요?" 이렇게 하면 당신이 작업 거는 것이라고 생각할 수 없을 뿐만 아니라, 생뚱맞은 일이라고 느끼지도 않을 것이라서 당신을 막을 수도 없을 것이다. 사람들은 누구나 스승 노릇하기를 좋아하는 법이다. 특히 남자는 전반적으로 여자보다는 아는 것이 많다고 생각한다! 동시에 당신이 그를 우러러보며 숭배하는 각도로 바라볼 수 있다면, 당신에 대한 호감은 쑥쑥 올라갈 것이다. 그 사람이 당신에게 어떤 도움을 주면, 당신에게는 감사하다는 구실이 생겨서 그에게 식사를 대접하겠다고 할 수 있고, 둘만의 만남을 통해서, 정식으로 서로를 알아가기 시작하게 된다.

두 번째로 만약 모임에서 당신의 친구가 데려온 친구라면, 더 해결하기가 쉽다. 왜냐하면 이런 상황에서 그 사람은 분명 모임에 있는 다른 사람들을 잘 몰라서 어색한 나머지 혼자 뻘쭘하게 한 자리에 앉아 있을 것이기 때문이다. 당신이 만약 주인이라면, 또는 주인과 친하다면, 먼저 그의 앞에 가서 이야기하며, 그에게 음식이 맛이 있는지, 오늘 좀 시끄러워서 대접이 소홀한 건 아닌지를 자연스럽게 물어볼 수 있다. 낯선 사람이 많은 장소에서 무료하게 시간을 보내고 있던 차에 어떤 온유하고 자상한 여성이 말을 걸어온다면 남성은 매우 감격할 것이고, 동시에 당신에 대한 인상이 깊을 것이라는 것을 당신도 알 것이다. 만약 당신도 친구가 데리고 간 것이라 그 모임이 익숙하지 않다면? 그래도 상관없다. 같이 툴툴거리며, 우리는 모두 '의붓자식'이라는, 이런 말을 하며 열외되어 있는 감정을 공유하면 된다.

친구 그룹의
활용법

만약 당신이 메신저에서 관심 있는 사람을 친구로 추가하였다면, 첫 번째로 하는 일은 뭘까? 당연히, 그의 친구 그룹을 둘러볼 것이다. 여러분은 정말로 오늘날 이렇게 편리하고 쓸 만한 것들이 많은 것에 감사해야 한다. 내가 어렸을 때는 관심이 있는 남자가 생기면, 거의 밤을 꼴딱 새우며 검색 사이트를 뒤져서 그에 대한 자료 전부를 얻었다. '적을 알고 나를 알면, 백 번 싸워도 위태롭지 않다.(知彼知己, 百戰不殆)'라고 한 손자(孫子)의 말이 결국 맞다. 준비가 안 되었다면 싸우지 않아야 한다. 마찬가지로 당신을 추가한 남성도 당신의 친구 그룹을 똑같이 볼 수 있기 때문에, 이번에는 연애에서 친구 그룹은 도대체 어떻게 활용하는 게 좋은지 이야기해 보려고 한다.

첫 번째, 자신의 프로필 사진! 반드시 예쁜 것으로 프로필 사진을 설정해야 한다.(당연히 내가 늘 이야기하는 것이다.) 단, 주의해야 할 것은 너무 과장되면 안 된다. 프로필이 너무 나 같지 않아도 안 되고, 사진을 너무 많이 올려도 안 된다. 특히 밥 먹을 때 찍은 음식은 너무 많이 올리지 않는 게 좋다. 되도록이면, 여행했던 것, 또는 갤러리, 박물관, 업무 중의 사진을 올리는 게 좋다. 당신이 다른 사람에게 보여줘야 할 당신은 바쁜 사람이어야지, 매일 쇼핑거나, 생활에 불만이 있거나, 거울 앞의 자신을 찍은 모습이어서는 안 된다. 남성들은 모두 시각적인 동물이어서, 당신의 사진을 봤을 때, '내 메신저에 이런 미녀도 있었네, 내가 왜 말도 안 걸었을까?'라고 생각할 것이다. 이렇게 하면, 그는 당신에게 댓글을 달거나, 대화창을 열어 당신과 이야기할 것이다.

두 번째, 자신의 친구 그룹을 관리하는 것이다. 여러분은 반드시 친구 그룹 관리에 어떤 기능이 있는지를 알고 있어야 한다. 당신이 올린 내용은 선택된 친구들만 볼 수 있지만, 상대방은 자신이 선택되었다는 것을 모른다. 이 기능이 정말 좋은 것은 자신을 여러 성향을 가진 사람으로 보여줄 수 있기 때문이다. 음악을 좋아하는 친구들에게는 노래 링크를 올리고, 온정이나 지혜가 담긴 문구를 좋아하는 친구들에게는 고전 명언이나 유명 작가들의 어록 등을 올려준다. 문예를 좋아하는 친구들에게는 최신 베스트셀러 순위표를 보내주고, 과학을 좋아하는 친구에게는 애플의 최신 소식을 보내주는 것이다. 어쨌든 상대방의 필요에 부합하여 여러 가지를 할 수 있는 자신을 만들어낼 수 있다.

세 번째, 나쁜 벗을 조심하는 것이다. 친구 그룹의 아주 큰 문제점은 바로 누구와 누가 사이가 좋은지도 모르고, 아래 달린 댓글이 누구에게 보여지는지도 모른다는 것이다. 그래서 만약에 남신을 겨냥하여 셀카^{자기촬영사진}를 올렸다면, 말 많은 사람들의 댓글이 막 올라올 수도 있다. "프사^{프로필사진}가 너무 과장됐네!"라든지, "와우, 어디 미쳤어?" 등등. 이런 댓글을 보았을 때는 만일의 경우를 방지하기 위해서 사정 봐주지 말고, 전부 보자마자 삭제해라!

네 번째, 상대방의 동태를 주시해야 한다. 상대방이 당신에게 매일 와서 댓글을 달게 할 수 없다면, 반대로, 좋아하는 사람에게 너무 자주 댓글을 달지 마라. 이렇게 하면, 당신은 너무 한가해서 매번 친구 그룹을 서핑하는 것처럼 보이거나, 당신이 그에게 관심이 있다는 것을 알아차리게 할 수 있으니, 매 순간 그의 동태를 주시해야 한다. 당신이 매 순간 그의 동태를 주시는 하지만, 절대로 표현해서는 안 되며, 그가 언급했던 노래, 문장, 좋아하는 것 등 어떤 세세한 것들 중 한 가지 또는 몇 가지를 머릿속에 기억하고 있다가 다음번에 만났을 때 자연스럽게 이야기해라. 그렇게 하면, 그는 분명히 기뻐서 어쩔 줄 모를 것이고, 이 사람은 어쩜 나와 좋아하는 것이 잘 맞나하고 생각할 것이고, 이것이야말로 친구 그룹의 정확한 활용법이다.

위에서 말한 요지는 중요한 것이라고 말할 수 없다. 진짜 중요한 것은 옛말에 있다.

"메신저의 세계에 살지 말고, 나가서 진짜 데이트를 하라!"

싱글인지 아닌지
어떻게 확인할까

마음에 두고 있던 남성을 만났을 때, 가장 먼저 알고 싶은 것은 바로 그가 싱글인지 아닌지일 것이다. 이것은 매우 정상적인 반응이다. 아직은 그와 익숙한 사이가 아니라면, 어떻게 이 정보를 알 수 있을까?

당신과 그를 함께 알고 있는 친구가 있다면, 당연히 그를 통해 물어보면 될 것이다. 이런 건 내가 말 안 해도 알 것이다. 만약 그런 친구가 없다면, 스스로 알아내야만 하는데, 여러 가지 방법이 있다.

첫 번째 방법은 빙빙 돌려 말하기이다. 먼저 아무거나 한 가지 일을 정해서 그를 칭찬하는 것이다. 예를 들어, 점심시간에 가져온 도시락에 대해 "최고예요. 집에서 싸온 거네요? 부인이 많이 사랑하시나 봐요."라고 말했을 때, 부인이 없다면, 그는 반드시 이렇게 말할 것이다. "어머니가 준비해주신 거예요. 저 결혼 안 했어요." 또는 그가 입은 셔츠를 가리키며, "이 옷 디자인이 정말 세련됐네요. 아주 잘 어울려요. 여자 친구 안목이 보통이 아닌가 봐요." 만약 그것이 아니라면, 그는 당신에게 분명히 알려줄 것이다. 본인이 직접 산 것이고, 아직 여자 친구 같은 거 없다고 말이다. 조심하라! 만약 "저 여자 친구 없어요."라는 말을 하지 않으면, 그에게 여자 친구가 있을 확률이 매우 높다. 왜냐하면 싱글 남성은 자기 얼굴에 '싱글, 데이트 가능'이라고 너무 너무 쓰고 싶어 하기 때문이다. 그가 급하게 당신에게 자신은 여자 친구가 없다고 말한다면, 이것 또한 당신에 대해 호감을 가지고 있다는 표현이며, 적어도 '난 여자 친구가 없어. ○○, 나랑 한 번 사귀어 볼래?'라는 뜻이 잠재되어 있는 태도이다.

두 번째 방법은 '아마 제가 틀렸나 봐요.' 법이다. 이 방법의 구체적인 작업은 일단 기회를 만든다. 예를 들어 그에게 표 두 장을 선물하거나, 연인들이 함께 쓸 수 있는 것이거나 여성용 물건을 준다. 아무렇게나 말하는 것처럼 하면서 "에이, 잘못 샀네. 쌓아만 두고 못쓰면 정말 낭비니까, 그쪽 여자 친구 주세요."라고 살짝 떠보는 것이다. 만약 여자 친구가 없다면, 바로 당신에게 말할 것이다. "저 여자 친구 없는데요." 이 때, 당신은 말할 수 있다. "어? 지난번에 여자 친구 있다고 들었는데, 게다가 오래 사귀었다고…. 제가 잘못 알고 있었던 건가요? 아마 제 기억이 틀렸나 보네요." 또는 "제가 지난 번 XX 근처에서 그쪽이 어떤 여자랑 같이 걸어가는 걸 봤거든요. 너무 다정해 보여서 부르기가 미안했는데……. 그래서 못 불렀는데. 제가 잘못 봤을 것 같지는 않은데? 아이고, 창피해라. 안 불렀기에 다행이네요." 어쨌든 모든 것은 당신이 잘못했고, 틀려서 좀 부끄러웠지만, 잠시 동안만 안쓰러우면 되는 일이다.

세 번째 방법은 직접 묻는 것이다. 이 일을 직접 묻는 것은 정말로 기술이 필요하다. 예를 들어, 당신이 무턱대고 직접 그에게 여자 친구가 있느냐고 물을 수는 없다. 익숙한 사이가 아니라면, 상대방은 당신이 다른 사람의 사생활이나 탐색하는 밉살스러운 사람이라고 생각할 것이기 때문이다. 나는 개인적으로 비교적 가벼운 장소, 예를 들어 회사의 모임, 친구들과 노는 장소 같은 곳에서 그에게 다가가, 아주 아무렇게나 묻는 것처럼 하며 "정말 귀찮아 죽겠어요. 우리 엄마가 또 선을 보라는 거 있죠? 당신은요? 이런 고민 없으세요?"라고 수다 떠는 것처럼 하면서 비교적 쉽게 상대방의 경계심을 없애는 것이 좋다고 생각한다.

마지막으로 모두가 깨달아야 할 것은 정상적인 남자라면 여자 친구가 있으면 매우 당연하게 말할 것이라는 것이다. 왜냐하면 이것이 떳떳하지 못한 일은 아니기 때문이다. 한 남자가 자기에게 여자 친구가 있는지 없는지에 대해 주저하거나, 숨기거나 한다면, 여자 친구는 있지만, 멀리 떨어져 있거나, 만족하지 못하거나 해서 꿩 대신 닭이라도 찾고 싶은 것일 것이다. 어떤 상태이든 이 남자는 찌질남으로 확실히 여자 친구를 떠날 수는 없을 것이다.

데이트 약속은
어떻게 잡을까

원거리 연애는 왜 빨리 끝날까? 메신저 상에서 적극적으로 이야기했던 남자가 왜 냉담해지기 시작할까? 왜냐하면, 남자들은 금붕어처럼, 볼 수 없으면 곧 당신을 잊어버리기 때문이다. 그러니 인터넷 세계에 머무르지 말고, 현실 속으로 걸어 나와야 한다. 여기에서는 어떻게 남자와 데이트 약속을 잡을 수 있는지를 이야기하겠다.

첫 번째 단계, 당연히 인터넷 접속을 줄여야 한다. 당신은 시험 삼아 메신저를 끊고, 그가 당신과 대화하려고 해도, 상대하지 말고, 답답해 죽겠더라도 메시지가 올라오는 대화창을 클릭하지 말고, 인터넷 서핑하는 것을 끊는다는 결심으로 해야 한다. 늦은 시간에, "하루 종일 나가 있었는데, 컴퓨터를 끄지 않았네."라고 문자를 남겨 준 뒤, 며칠 동안 인터넷 접속을 하지 않는다. 반드시 상대방이 당신은 현실 생활에 많은 즐거움을 가진 사람으로 생각하게 해야 하고, 출근하지 않고, 학교도 가지 않고, 심지어 게임도 하지 않으면서 심심하고 허전해서 종일 인터넷에 빠져 있는 사람으로 생각하게 해서는 안 된다.

두 번째 단계, 각종 SNS에 여행할 때 찍은 아름다운 사진을 올려놓는 것이다. 가장 좋은 것은 셀카가 아니다. 셀카는 한 달에 2~3회쯤 올려서, 자신감 있게 보이지만 자기애에 빠져 있는 것 같지는 않게 해야 한다. 셀카든 여행 사진이든 모두 아름다운 것이어야 한다. 이렇게 하면 기억력이 7초밖에 안 되는 남자들이 "와, 내 친구 그룹에 이렇게 예쁜 사람이 있었구나!"라는 것을 알게 될 것이다.

세 번째 단계, 메신저에서 이야기하던 중, 점점 밖으로 나와 만나고 싶은 기분을 유도해야 한다. 예를 들어, 최근 상영하는 영화 이야기를 하면서 정말 가서 보고 싶은데 아직 누구랑 가기로 약속을 못했다고 이야기하거나, 최근 여의도 한강 둔치에서 푸드 페스티벌을 하는데 같이 갈 사람을 찾고 있으며, 거기 가서 맛도 보고 구경도 하고 싶다고 이야기하는 것이다. 일반적으로 눈치를 챈 남자는 주동적으로 당신과 약속할 것이다.

만약 그가 그래도 반응을 보이지 않는다면? 당신은 조금은 확실한 시도를 해볼 수 있다. 예를 들어 생활 속에서 재미있는 일을 이야기하면서, 한참 이야기하다가, "앗! 이렇게 이야기하니 너무 피곤하네요. 공연을 보면서 이야기하면 더 생생할 텐데, 언제 만나서 자세한 이야기 해줄게요."라든가 또는 그가 어떤 일을 말하면, 당신이 매우 유감스럽게 "지금 당신 얼굴을 볼 수 없어서 안타깝네요. 당신의 표정이 어떻게 웃는지, 어떻게 찌푸리는지 정말 보고 싶어요." 중요한 것은 만나야만 화젯거리를 이야기할 수 있다는 것, 만나야 이 궁금증을 해결할 수 있다는 쪽으로 이끌어야 한다. 이변이 없다면, 그는 바로 당신에게 물을 것이다. "그럼, 우리 언제 만날까요?"

만약 당신이 정말로 어떤 일들을 남성들이 재미있게 생각하는지를 몰라서 만일 남성이 못 들어도 상관없다고 생각한다면, 어떻게 할까? 그러면, 최후의 방법은 당신이 직접 그를 초청하는 것이다. 그러나 직접 초청하면서 바보처럼 "우리 만나요."라고 해서는 안 된다. 여기에도 기술이 필요하다. 예를 들어, 노래 부르러 가자고 "노래방 같이 갈래요?" 생뚱맞으면, 쉽게 거절당한다. 이렇게 말하면 어떨까? "노래를 아주 잘하신다고 소문이 났던데, 제 친구들이랑 같이 노래방 가려고 하는데, 같이 갈래요?" 또는 "우리 소풍가려고 하는데, 등산을 아주 좋아하신다고 하던데, 같이 가면 참 좋겠어요." 성공할 확률이 훨씬 높아질 것이다.

여자가 절대
먼저 하지 않아야 할 것
: 고백

여러분이 가장 쉽게 목을 매는 사건이 있으니 바로 고백이다. 이 고백이라는 것은 분명히 너무 많은 로맨틱 드라마와 영화의 영향을 받는다. 드라마들이 로맨스를 위해서, 장면을 아름답게 하기 위해서, 박스 오피스를 위해서는 말도 안 되는 줄거리라도 써야 하는데, 그 말도 안 되는 이야기 속에 여성이 먼저 고백하고 먼저 청혼하는 것도 포함된다는 것을 여러분들은 알아야 한다. 다시 한 번 간곡히 말하지만, 여성이 먼저 남성에게 고백하는 것은 무협 소설에 나오는 인물이 한 번에 날아서 담을 넘고 벽을 걸어가는 것과 같다. 이것은! 전혀! 과학적이지 않다!

　필자가 받아 본 사연 중에는 늘 "선생님, 고백한 후, 남자가 계속 친구로 지내자고 하네요."라는 경우가 많다. 여러분 모두 책을 열심히 안 봐서 그렇다! 내가 얼마나 여러 번 고백하지 말라고, 고백하지 말라고 강조했던가! 왜 내 말을 안 듣나! 밑줄 친 중요한 부분을 모두 외우지 않았으니, 시험에 낙방하는 것은 당연한 것이다. 고백하지 않으면 그가 정식으로 거절할 기회를 주지 않아도 되고, 당신에게는 어쨌든 나설 기회가 있는 것이다. 고백하는 것보다는 애매한 상태가 당신에게 더욱 유리하다. 어리석은 여인들이여, 고백하는 것은 자신의 퇴로를 막는 것이다.

남신을 대할 때 가장 좋은 비법은 인내심을 가지고 기다리는 것이다. 먼저, 매일 자기에게 100번 말한다. "남신이 죽지만 않는다면, 내가 대시할 기회는 꼭 있다." 그래서 당신에게 마음에 드는 사람이 있다면, 급하게 서둘러 무모하게 고백하지 말고, 거절을 당하더라도 집요하게 달라붙지 않아야 친구로라도 남을 수 있다. 좋은 오빠가 되어도 상관없으니, 늘 그의 생활 속에 나타나야 한다. 성공하면 남신과 사귈 것이고, 물러나더라도 경쟁자들은 막을 수 있다.

남신을 대하는 두 번째 비법은 상황을 잘 파악하고 기다리는 것이다. 고백하지 않는 것은 분수를 안다는 것이고, 고백하면 자신을 죽게 만드는 것이다. 만약 그가 당신을 좋아하지 않는다면, 당신이 고백한 후, 두 사람은 매우 어색해질 것이고, 남자의 입장에서는 당신이 시간 낭비하지 않게 해야겠다고 생각할 것이다. 기껏해야 친구는 될 수 있겠지만, 두 사람 사이는 어색해질 것이다. 만약 그가 당신을 좋아한다면, 그가 고백할 테니, 당신이 계속해서 기다려야 할 필요가 전혀 없다. 따라서 대부분의 상황에서 그가 고백하지 않는 것은, 때가 되지 않은 것이므로 절대로 경거망동해서는 안 된다.

고백하지 않으면, 우리는 무엇을 할 수 있을까? 무엇으로 남신에게 사인을 주어야 할까? 사실 남신은 바보가 아니다. 당신이 그를 좋아하는 것을 그가 정말로 모를 거라고 생각하나? 그는 단지 묵묵히 당신이 자신에게 잘해 주는 것을 즐기고 있을 뿐이다. 그래도 누군가가 "나는 이렇게 어정쩡한 상태에 계속 있고 싶지 않으니, 차라리 속 시원하게 말하는 것이 낫겠다."라고 한다면, 여러분들에게 고백하지 않고 무슨 말을 해야 할지 알려주겠다.

거꾸로 이야기해서, 당신이 반드시 너 죽고 나 살자 식으로 해야 한다면, 성공하지 못하고 목숨만 바치게 된다. 아래에 쓰인 대로 하면 30% 정도의 기회는 남기 때문에 이길 수도 있다.

오답

나는 너를 좋아해, 우리 사귀자.

정답

"나는 네가 정말 싫어. 왜냐하면 네 존재는 나를 이상하게 만들거든. 나는 원래 하고 싶은 말이 있으면 주저 않고 하는 사람인데, 너 때문에, 내가 말도 이리저리 둘러대고, 무슨 일을 해도 넋이 나간 것 같아. 특히 네가 다른 여자와 웃는 것을 볼 때는 괴로워 죽겠어. 이 러면 안 될 것 같아. 내가 너무 힘들거든. 우리 당분간 친구하지 말 자. 내가 정말로 너를 보통 친구로 대할 수 있을 때, 다시 만나면 어 떨까?"

이 단락은 소위 '적반하장'식의 고백으로, 남신이 친구를 잃기 싫 어하는 심리를 이용한 것이다. 정상적인 고백은 "당신은 애인 한 명 이 더 필요한가요?"의 논리이지만, 위의 고백은 "사랑하는 사람을 한 명 잃고 싶은가요?"의 논리이다. 사람은 어쨌든 탐욕스러운 존재 여서, 이렇게 고백하면, 어쩌면 당신이 이길 수도 있다. 그러나 나는 여전히 추천하고 싶지 않다. 이것 역시 아주 낮은 꾀이기 때문이다.

이제는 이미 고백하여 거절당했다면 어떻게 해야 할지를 이야기 하겠다. 먼저 남자의 말을 너무 진짜로 받아들이지 마라. "나는 계속 너를 좋은 친구로 생각할 거야."는 뭐란 말인가? 그들은 아직도 계 속 자기가 연예인이라도 된 걸로 생각한다. 잠시 시간을 둔 다음, 기 회를 찾아 당신은 고백한 것이 아니고, 그가 잘못 생각한 것이었다 고 아무렇지도 않게 이야기해본다. 이때는 너무 진지하게 설명하지 말고, 다른 사람과 내기했다고도 하지 말고, 농담이었다고는 더더욱 말하지 마라! 당신의 이야기를 듣고 그가 반신반의한다면, 이때가 바로 그가 당신에게 호기심을 가질 수 있는 때이기 때문이다. 호기심을 갖는 것은 한 사람을 좋아하는 첫걸음이다. 축하한다. 당신은 처음으로 되돌아갈 수도 있다.

Chapter 2

◆

데이트할 때,
무슨 이야기를 할까

———

여러분은 데이트하는 과정을 탐정 놀이를 하는 것으로 생각해야
한다. 그에 대한 정보를 더 많이 알고 있어야 사건을 해결할 수 있
고, 그래야 그가 죽(멋)일(진)놈(놈)인지 알 수 있다.

첫 만남에서
무슨 이야기를 할까

내게 오는 편지에 쓰인 대부분의 문제는 "첫 번째 만날 때 무슨 이야기를 해야 할까요? 특히 선을 볼 때는 할 말이 없으면 정말로 난처합니다."이다.

나는 수다쟁이이고, 전봇대 앞에서도 사람과 30분 정도는 이야기할 수 있는 사람이지만, 때로는 남자들에 의해 말문이 막히기도 한다. 어떻게 분위기를 무겁고 험악하게 만들지 않고, 평화롭게 이야기를 나눌 수 있을지 총정리를 좀 해보자.

일반적으로 가장 안전한 주제는 별자리, 혈액형, 사람의 띠와 같이 모든 사람이 다 가지고 있으며, 그리 크게 틀릴 것이 없는 이야깃거리이다. 이과생을 만난다면 당연히 이렇게 말할 수도 있다. "저는 그런 것 안 믿습니다. 60억 지구인을 어떻게 12가지의 분류로 나눌 수 있다는 말입니까?" 상관없다. 이때는 우리가 할 수 있는 대답은 두 가지이다. 한 가지는 이야기를 아예 전혀 다른 주제로 바꾸는 것이고, 다른 한 가지는 "저는 별자리로 대략 분류할 수 있다고 생각하는데요? 적어도 상대방을 대략 이해할 수 있으니까요."라고 상대의 의견에 반대되는 의견을 이야기하는 것이다. 그가 여전히 "그건 비과학적이에요."라고 말한다면, 문제를 그에게 던져줘서 그가 이야기하도록 하면 된다.

"정말요? 그러면, 사람을 어떻게 분류하는 것이 비교적 정확하다고 생각하시나요?"

두 번째는 흥미, 취미에 관한 이야기이다. 이 주제는 비교적 큰 주제이기 때문에 대화를 재미없고 건조하게 하지 않게 하기 위해서, 비교적 좀 사소한 일에서 시작할 것을 권한다. 예를 들어 "요즘 상영하는 ○○영화 보셨어요? 제가 보기에 참 미련한 것 같아요." 상대방과 내 의견이 같지 않다고 두려워하지 마라. 그가 자신의 관점을 이야기하고, 당신과 토론하거나, 당신을 설득시킬 수 있으면, 그것이야말로 좋은 일이 아닐까?

세 번째는 아무런 취미도 없거나, 흥미와 취미가 웹서핑 같은 당신이 전혀 끼어들 것이 없는 남자를 만날 수 있다. 그럴 때 당신은 전 과정에서 보조역을 할 수 있어서, "맞아", "와", "진짜", "칭찬할 만하다" 이런 아무런 의미가 없는 추임새를 하면 된다. 만약 당신이 이야기하고 싶지 않다면, 인류 모두의 공통 관심사인 '먹는 것'으로 화제를 바꾸어 '먹으면서' 이야기하면 된다. 99%의 사람은 자신을 밥벌레라고 생각한다니, 그도 사람인데 먹는 것을 좋아할 것이기 때문이다.

네 번째는 나도 만나본 적이 있는, 먹는 것조차 흥미가 없는 사람, 컵라면을 먹든 일본 요리를 먹든 한 끼를 먹는다는 것에 있어서 전혀 구별이 안 되는 사람을 만났을 때이다. 당신은 "아, 그러면 당신에게 인생의 즐거움은 뭔가요?"라고 질문하라. 다시 한 번 강조하는데, 다른 의견을 가지고 있는 것을 두려워하지 마라. 의견의 차이는 모든 대화의 시작이다.

정리해보면, 이상의 것들에는 하나의 공통점이 있다. 바로 이야깃거리를 상대방에게 주고, 무대를 그에게 양보하고, 그가 힘을 다해 발휘하도록 하는 것이다.

당연히 만났을 때 전혀 말상대도 안 하는 종류의 사람도 있을 수 있다. 어떤 질문이건 모두 '음', '아,' '모르겠네요.', '확실치 않네요.', '아마도' 등으로 대답하는 사람이다. 이런 사람에게는 이렇게 질문하는 것이 좋겠다. "이 자리에 억지로 나오셨나요?" 이 말은 당신이 대화의 문을 열겠다는 것이 아니라, 집에 가기 위해 하는 말이다. 그리고는 당신 아버지 어머니께 이르면 된다. 잔뜩 오버하면서, "아빠,

엄마, 저는 효도 다했어요. 저도 아빠 엄마의 금지옥엽인데, 아무리 선이라지만 상대방이 어쩜 저한테 한 마디도 안 물어보고, 성의가 없는지……. 어떻게 그런 사람을 만나게 하실 수가 있어요? 심지어 자기는 억지로 나왔다나 뭐래나. 제가 많이 모자라서 얼른 시집보내버리고 싶으신 거예요? 아빠 엄마한테 저는 도대체 뭔가요? 엉엉…….” 당신이 선보는 것에 반감을 가지고 있지 않다면, 다음번에 선볼 기회가 있을 것이다. 그 자리에서 소개해주는 사람에게 이 말을 할 수 있다. “아주머니 감사해요. 오늘은요, 제가 별로였는지 상대방이 계속 별 말을 안 하더니, 결국 자기는 억지로 나온 거라네요. 아주머니, 제가 아주머니 곤란하게 했나요?” 중매쟁이는 당신에게 너무나 미안해하고, 돌아서서 그 남성에게 욕하며, 다음번에는 반드시 당신을 위해 더 좋은 사람을 물색해 줄 것이다.

한 남자를
속성으로 이해하는
세 가지 질문

여자들은 보통 한 가지 잘못된 인식을 가지고 있다. '내가 재미있는 사람이라면, 그 사람은 내게 관심을 가질 것'이라는 생각이다. 그리고는 당신들은 자신도 모르게 그 사람 앞에서 웃긴 이야기를 하는데 이야기는 갈수록 더 과장되어진다. 그가 웃지 않으면, 당신은 긴장할 것이다. 당신은 연이어 두 번째 이야기를 하고, 그가 웃으면, 당신은 스스로 점수를 땄다고 생각하고, 이어서 또 다른 이야기를 한다. 계속될수록 말은 점점 많아지고, 데이트는 당신만의 원맨쇼로 변해 버린다. 마지막에 상대방과 좋은 형제 사이가 된다.

왜 이렇게 되었을까? 여자가 재미있는 게 좋은 일이 아닌가? 나는 여러분이 냉정하게 생각해 보길 바란다. 여자 개그우먼이 정말로 남자들에게 사귀고 싶은 충동을 생기게 할 수 있을까? 당신 주변의 남자들에게 개그우먼이 자신이 여친이 되면 좋겠는지 한 번 물어보라. 그녀들을 공격하려는 뜻은 결코 없으며, 나는 개그우먼들을 무척 존경하고 사랑한다. 그렇지만 잘 웃기고, 재미있는 일은 남자들에게 하게 해야 한다고 생각한다. 우리를 즐겁게 해주는 것이 그들의 천직이다. 일단 당신이 잘 웃기고 재미있다면, 남자들은 겨우 4메가의 대뇌 용량을 가지고 있기 때문에, 당신을 '동성'으로 판단할 것이고, 형제 같은 기분이 들 것이다. 이 누님이 애써서 웃겨놨더니 형제로 생각하다니, 자신과 사귀고 싶어서 그런 것이었다는 걸 남자들은 왜 모를까?

그러면, 데이트할 때, 재미가 없으면, 우리는 어떻게 해야 할까? 그가 당신에게 관심이 있기만 하다면 그것으로 충분하다. 나의 지난번 책에서 말했듯이, 무대를 그에게 남겨주어라. 사람에게는 모두 다 털어놓고 싶은 욕구가 있어서, 여러분이 발견했는지 모르겠는데 이야기하던 중 만약 주제가 자신에 관련된 것이면, 누구나 자신의 이야기를 하고 싶어 한다. 그래서 여러분은 데이트하는 과정을 탐정 놀이하는 것으로 생각하고 놀아야 한다. 당신은 그와 관련된 어떤 정보를 더 많이 알아야 사건을 해결할 수 있고, 그가 죽(멋)일(진)놈(놈)인지를 알게 된다.

내 개인적인 방법을 아래와 같이 소개한다. 일반적으로 나는 세 가지 방면에서 '단서 찾기 놀이'를 한다. 이상, 인생, 감정, 이 세 가지이다. 다시 말하면, 여러분은 아래의 3대 문제를 외운 뒤 각기 자신의 상황에 따라, 자기의 작은 문제를 내보일 수 있다. 다시 강조하지만, 반드시 배운 만큼 잘 활용하길 바란다.

첫 번째 질문, 이상(理想). 시험 삼아 이렇게 물어볼 수 있다. "왜 지금의 이 일을 하고 있나요?" 그가 자신의 일을 매우 좋아한다면, 이렇게 물어볼 수도 있다. "이 일이 어떤 점에서 재미있어요?" 여기에 꼭 이 한 마디를 덧붙여야 한다. "당신의 능력으로 볼 때, 단순히 돈 벌기 위해서는 아닌 것 같아요." 됐다. 여기까지 물어보면, 당신은 기본 두 시간은 보낼 수 있다. 그는 분명히 자신의 이상, 꿈에 대해 침을 튀어 가며 열심히 이야기할 것이다. 만약 그가 자신이 하는 일을 좋아하지 않는다면, 그래도 물어볼 수 있다. "그러면 원래 어떤 일을 하고 싶었는데요?" 여기에 덧붙일 질문들이 있다.

"미래에 대한 어떤 계획이 있나요?"
"이 업계에서 도와 준 고마운 분이 계신가요?"
"자기 회사를 차리고 싶으신 거예요?"
......

이런 질문은 주로 그의 마음 문을 활짝 열게 하는 것으로, 당신은 이 사람의 견문, 학식과 장래에 대한 계획까지 이해할 수 있다.

두 번째 질문, 인생(人生). 이 질문은 오직 하나이다. "만약 한 사람과 인생을 바꿀 수 있다면, 누구처럼 되기를 바라나요?" 그가 누구를 말하든 당신은 또 두 시간의 차 마실 시간을 얻었다. 이 문제는 그의 답을 다 듣고 나면, 무엇이 그에게 가장 중요한지를 알 수 있게 된다. 그의 개인적인 흥미, 취미를 거의 파악하게 되는 것이다.

세 번째 질문, 감정. 이 질문 역시 한 가지이다. "자신의 일생을 한 문장으로 표현해야 한다면 어떤 말을 선택할 것 같아요?" 이 때, 그는 생각에 빠질 것이다. 데이트가 인터뷰처럼 되지 않게 하기 위해서, 당신은 이 때 먼저 말해 줄 수 있다. "저희 아버지는 '사람이 재산이다.'라고 하셨어요. 아빠는 다른 장점은 없는데, 특별히 사람간의 신의를 중요시하시거든요. 이것 때문에 손해도 많이 보셨어요. 당신은요?" 이렇게 하면 그에게 생각할 시간을 좀 줄 수 있을 뿐 아니라, 그에게도 영감을 줄 수 있기도 하다.(단순한 남성은 용서하길 바란다. 아마도 그들은 반응하지 못할 것이다.) 가장 중요한 것은 이 질문을 통해 상대방이 자기 자신을 잘 알고 있는지를 알 수 있다는 것이다.

세 종류의 질문을 다 하고 나면, 당신은 이 사람에 대해 기본적인 판단 기준이 생길 것이고, 당신이 계속되기를 원하든 원하지 않든 적어도 이 남자는 당신에게 마음을 활짝 열었을 것이다. 그의 마음속에 당신은 이미 '그를 이해하는', '자상한', '철이 든', '아내로 삼기에 적당한' 좋은 아가씨로 변해 있을 것이다. 만약 그가 "그럼, 당신은요?"라고 되묻는다면, 축하한다. 그가 당신에 대해 충분이 관심이 생겼다는 것이다.

경청의
기술

사실 대부분의 경우, 모든 사람은 자신이 말할 때 누군가가 잘 들어주기를 바란다. 그래서 나는 이야기하는 중에 먼저 자신은 '숨기고', 무대를 남성에게 내주어, 그들의 다 털어놓고 싶은 욕망을 만족시켜줄 것을 제안한다.

이 때, 어떻게 하면 좋은 경청자가 될 수 있을까?

얼굴 표정:

미소를 띤 채, 정면으로 그를 마주하고, 몸을 곧게 세우고, 눈빛은 그의 눈을 응시한다.(이때 컬러 렌즈를 끼어도 좋다.) 그의 말에 따라 가볍게 고개를 끄덕인다. 본 지 5초~10초가 지난 뒤, 시선을 옮긴다. 좀 있다가 응시하는 동작을 반복한다.

화제에 근거한 반응:

훌륭함에 대한 표현: 정말요? 와, 대단해요!

동의에 대한 표현: 확실히 그렇죠, 제가 생각해보니 저도 그럴 것 같아요.

화남에 대한 표현: 어떻게 그런 일이 있을 수 있죠?

놀람에 대한 표현: 당신 어떻게 해낸 거죠?

감탄에 대한 표현: 아! 정말 대단해요! 이런 방법을 생각해낼 수 있다니요!

유머를 듣거나 유머 같은 농담을 했을 때: 거짓말! 안 믿어요!

주의할 것은 위의 각종 반응에는 모두 사랑스러운 표정을 하고 있어야 하고, 표정이 풍부하면 더 좋다. 그 쪽이 당신이 별것도 아닌 것에 놀라는 바보로 생각하지 않을까 두려워하지 마라. 진짜 바보 같은 여동생이 도도하고 차가운 미녀보다 더 사랑스럽고 더 쉽게 친해질 수 있는 법이다.

억양과 어조:

목소리는 반드시 가볍고, 가는 목소리여야 한다. 한편으로는 당신이 교양이 있어서 크게 소리치지 않는다는 것을 보여주어야 하고, 다른 한편으로는 당신의 목소리가 작아서, 상대에게 잘 들리지 않아야 비로소 당신에게 바짝 다가갈 수 있다.

몸동작:

남자가 당신 앞에서 당당하고 차분하게 이야기할 때, 때때로 그의 어깨를 두드려 주거나, 그의 머리카락이나 실밥을 떼어주어도 좋다. 그가 고개를 돌려 어깨를 보고 또 당신을 볼 때, 그에게 미소 지으면, 한순간에 두 사람의 거리가 가까워진다. 이 방법은 매우 쓸모 있는 방법이다. 직장에서 민첩하고 냉정한 치타 같은 여자 동료들만 보다가, 남자는 갑자기 잔잔히 스며드는 것 같은 부드러움을 느낄 것이고, 이에 너무 감격해서 즉시 당신의 붉은 치마 아래에 무릎 꿇을 수도 있다.

대화가 잠깐 끊어졌을 때, 그에게 물을 더 따라주거나, 냅킨으로 가볍게 탁자의 물방울을 닦는 것은 당신의 세심함을 표현하는 것이다. 그러나 주의해야 할 것은 이 동작을 너무 길게 하면 당신의 마음이 거기에 있지 않고, 빨리 일하고 집에 돌아가 아이를 받아야 하는 파트타임 아줌마같이 보일 것이기 때문에 적당하지 않다. 이렇게 할 때는 깨끗한 것을 좋아하는 귀여운 여동생처럼 해야 한다.

만약 술집의 바 자리에서 이야기할 때, 두 사람이 얼굴을 맞대고 앉아 있다면, 나는 당신이 팔꿈치를 탁자 위에 가볍게 놓고, 손으로 얼굴을 받치며, 그를 응시할 것을 추천한다.

그 외에 두 가지의 팁을 여러분과 나누고자 한다.

첫 번째, 남자와 이야기하기 전에, 당신의 휴대폰을 무음으로 바꿔 놓고, 탁자 위에 뒤집어 놓아라. 방해받고 싶지 않고, 나는 전적으로 당신과만 이야기하고 싶다는 모습으로 앉아 있어야 한다. 기억하라. 이 동작은 반드시 그가 정확하게 보게 해야 한다. 만약 그가 "만일 전화 오면 어떻게 하려고요?"라고 묻는다면, 조용히 웃으며 "당신과 이야기하는 만큼 중요한 일이 어디 있겠어요?"(당연히 당신은 사전에 모두에게 통지해야 할 수도 있다. 당신이 비행기 안에 있으므로 일이 있으면 메시지를 남겨달라는 종류의 메시지를 말이다.)

두 번째, 만약 당신이 위에서 말한 반응에 대한 만능 해답을 완전히 숙지하지 못했다거나, 그가 말한 내용이 전혀 재미가 없어서 당신이 계속해서 자기의 허벅지를 꼬집어야 겨우 잠을 안 잘 수 있는 경우, 그러나 그의 생김새를 보니 '송중기' 닮은 것 같아서 가기가 섭섭하다면, 우리는 어떻게 이런 무료한 대화를 계속해 나가야 할까? 또 그가 알아채지 않게 하려면? 유용한 팁이 하나 있는데, 그가 말한 문장의 마지막 마디 말을 상황에 맞는 억양으로 반복해서 말하는 것이다.

예를 들어;

'송중기': 세계 강국이 갑자기 불량국가를 손대지 않는 것에 대해 생각해 보세요. 사우디아라비아만도 못합니다. 예멘의 일은 사우디아라비아에 어떤 불이익을 줄까요? 저는 감히 다국적군이 개입해야 한다고 생각합니다만.

여자: 다국적군이요? 개입을 해요?

'송중기': 사우디아라비아는 허세를 부리는 걸까요? 왜냐하면, …….

또 예를 들어;

'송중기': 중앙은행이 신용대출, 자산 담보 대출 증권을 채권으로 발행한다고 하던데, 아세요? 중앙은행이 하기 전에 증권 감독원, 은행업 감독관리 위원회는 이미 자산을 증권화해서 심판제를 준비사례제도로 바꿨거든요. 중앙은행은 이렇게 설명하더라고요. 중국자산의 증권화는 은행간과 교역소 두 큰 시장이 철저하게 심판제를 그만두는 것이라네요.

여자: 심판제를 그만두었다고요?

'송중기': 네, 심판제를 그만하겠다는 것은 의미가…….

이렇게 하면, 사실 당신은 완전히 마음을 놓고, 저녁에 뭘 먹을까, 다음번에는 어디에서 만날까 등을 생각할 수 있다. 그 사람은 자신의 탁상공론을 당신이 전혀 듣지 않고 있다는 것을 완전히 모를 것이다.

맞선 자리에서
피해야 할 말

어쨌든 맞선을 보게 되었다면, '가는 말이 고와야 오는 말이 곱다'는 속담을 기본 원칙으로 염두에 두는 것이 좋다. 앞에서는 무슨 이야기를 해야 하는지를 설명했다면, 여기에서는 여러분이 특별히 어떤 말을 하지 않아야 할지를 알려주고자 한다.

첫째, 상대방의 결점을 지적하지 않아야 한다. 상대도 어느 정도 자기 자신을 알고 있다. 어쩌면 모른다고 해도 당신이 알려줄 필요는 없다. 만약 당신이 그런 것들을 그냥 지나치지 못하겠다면, 맞선을 보는 것뿐이고, 결혼하는 것도 아니니, 다시 만나지 않으면 된다. 상대방에게 그 사람이 운동을 좋아하지 않는 것, 다크 서클이 짙은 것, 셔츠의 깃이 세워진 것을 한눈에 알아보는 당신의 예리한 관찰력을 알려줄 필요는 없다.(비록 셔츠 깃이 세워져 있는 것은 촌스럽지만,

옷태가 좋지 않은 것이 그 사람의 인품이 좋지 않다는 것을 말해 주는 것은 아니고, 그것 역시 당신이 구제할 수 있는 것에 속하는 것이다.)

둘째, 찬물을 끼얹지 마라. 당신은 똑똑하고, 대단하고, 한 번에 해결할 수 있는 사람이다. 상대방이 사실과 다른 환상, 터무니없는 창작을 이야기하는 것을 들어야 할 수도 있는데 당신의 마음속에서는 눈이 뒤집히고, 화가 나서 화산이 폭발할 것 같더라도, 예의를 지키는 게 어떨까? 상대방이 "저는 방문하여 밥을 해주는 앱을 만들고 싶습니다."라고 말했는데, "크크, 그거 이미 있어요. 아마 여러 개 있을 걸요? 무슨 근거로 성공할 거라고 생각하세요?"라고 말했다면? 이런 말은 그가 매일 100번도 더 듣는 이야기라서, 카페에 앉아 굳이 당신에게 훈계를 들을 필요는 없다. 듣고 있자니 정말로 지겹다면, 마음을 비우고, 오늘 저녁에 회의 자료는 어떻게 만들 것인지, 내일의 업무 심사에 아직 몇 가지 지식 포인트가 남아 있는지를 생각하라.

셋째, 이기고 지는 논쟁을 하지 마라. 길에 지나가는 사람에게 이겼다고 얼마나 자랑스럽겠나? 당신이 블로그에서 싸워 이기면, 월급을 주나? 멋진 남자의 사랑을 얻을 수 있나? 토론 대회를 하는 장소가 아니니, 논쟁할 필요 없으며, 그렇게 되면 상대방에게 당신의 기가 너무 세서 눌리는 듯한 느낌을 줄 뿐이다. 또한 알다시피 남자들은 워낙 체면을 중시하는데다가, 그 사람도 원래는 당신과 반대 논조로 이야기하고 싶지 않았을 텐데, 당신의 조리 있고 근거 있는

폭격을 받은 후에 어쩔 수 없이 끝까지 싸워야 했을 수도 있다. 그래서 당신이 이겼다 치자. 이렇게 하면 뭐가 좋을까? 생각해보라. 삶에서 이렇게 호감 가고 진실한 사람을 만났는데, '그는 정말 바보'라고 생각되는 점 말고도, 그가 정확한 인식과 투철한 견해를 가지고 있다는 것을 알게 될 수도 있다. 사람은 누구나 이기는 것을 좋아한다. 그럼, 당신은 상대방이 이기게 해줘라. 당신이 정말로 대단한 의견을 가지고 있어서 참지 못하겠다면, 그 의견은 친한 친구한테나 가서 쏟아 내라.

넷째, 화제를 자기와 엮지 마라. 내가 이전에 말했던 감정 이입의 원리이다. 상대방의 말을 자기와 결합시키는 것은 상대방의 호감을 이끌어낼 수 있지만, 자칫하면 이기주의로 변할 수 있다. 예를 들어, 상대방이 "저는 대학 졸업 후에 미국으로 유학을 갔습니다."라고 할 때, 좋은 해답은 "저도 미국 좋아해요, 미국 어디에 가셨었나요?" 비록 자기와 연결시켰지만, 중점은 여전히 상대방에게 있다. 나쁜 해답은 "아, 이런 우연이 있네요. 저도 유학했었어요. 대학 졸업 후 호주로 갔었는데, 호주는 정말로 좋은 곳이에요."

남자들이 예쁜 여자를 좋아하는 것은 맞지만, 마지막에 그들이 선택하는 사람은 '같이 있을 때 편안한' 여자이다. 남자들에게 '산들산들 봄바람' 같은 사람이 되는 것은 이런 것들에서부터 시작하자.

GUIDE 11◆

데이트할 때,
피해야 할 말

남자 친구와 데이트할 때, 도대체 무슨 이야기를 해야 할지, 앞에서 이미 말했었다. 여기에서는 어떤 것을 이야기하지 않아야 하는지를 말하고자 한다. 곤란한 화제가 나왔을 때는 넘어가는 것이 가장 좋다.

첫째, 논쟁이 될 만한 주제. 예를 들어 토론 대회에서 가장 좋아할 만한 주제, 즉 '한 사람을 죽게 두면, 차에 타고 있는 많은 사람을 구할 수 있다. 이럴 때는 어떻게 해야 할까?', '수능 시험에서 스카이에 들어가려면 1점이 부족한데, 재수를 해야 할까 아닐까?', '사형제도는 취소되어야 마땅한가?' 이러한 주제는 업무상의 필요가 아니라면, 친구 사이, 특히 남녀 친구 사이에서는 정말로 토론할 필요가 없다. 만약 의견이 다르면, 싸우기가 쉬워서 언짢은 채로 헤어지게 되기 때문이다. 게다가 사실 누가 맞고 누가 틀렸든 간에, 당신들의 생활, 감정과 아무런 관계도 없는데, 왜 그것으로 당신들의 감정에 영향을 받나? 만약 당신이 정말로 이러한 문제에 대해 매우 관심이 있다면, 서로 뜻이 같고 생각이 일치하는 절친이나 인터넷 상의 관련 논단에서 네티즌들과 이야기하고, 데이트 장소에서는 진짜로 이야기하지 않기를 바란다.

둘째, '난 정말 운이 없어.' 같은 주제. 이러한 주제는 사실 약간의 기술이 필요하다. 만약 당신이 '난 정말 운이 없어'라는 주제를 헐리웃 배우처럼 혼이 쏙 빠지게 이야기할 수 있다면, 나는 모두에게 이야기하라고 적극 격려하고 싶다. 당신이 순식간에 그 자리에 있는 사람들의 관심을 끌어낼 수 있다면 말이다. 그러나 이것은 난이도가 너무 높고, 점수도 장담하기가 어렵기 때문에, 일단 정도를 벗어나면, 당신은 개그우먼으로 변할 것이다. 개그우먼은 남신의 관심을 끌 수 없다. 만약 당신이 재미없게 이야기한다면, 이 이야기는 '난 정말 운이 나빠요. 온 세상이 나한테 미안해해야 해요. 내가 정말 괴로우니, 당신도 나와 함께 괴로워해줘야 해요.'로 변할 것이다. 그렇게 되면, 데이트의 분위기는 완전히 푹 가라앉게 될 것이다. 현대 생활은 누구에게나 힘들고 고생스러워서, 데이트하면서는 긴장도 풀고 좀 편안한 시간을 보내고 싶은 마음일 것이다. 요즘 세상에 비참한 사연 한두 가지 없는 사람이 몇 명이나 있을까? TV 프로그램을 틀어봐라. 나와서 자신의 비참함을 이야기하며 눈물짓는 사람이 얼마나 많은데, 내 이야기가 많은 사람들의 동정을 이끌어낼 만큼 슬플까?

셋째, '분위기를 섬뜩하게 하는' 주제. 예를 들면 밥을 먹을 때는 아름답지 않은 이야기는 하지 않아야 하고, 친구들의 즐거운 모임에서 공포 영화 이야기는 하지 않아야 하는 것이다. 그러한 비참한 사건은 뉴스가 될 만큼 당연히 매우 드문 일이기 때문에, 대다수의 사람들은 모임에서 이런 것들을 전혀 듣고 싶지 않다. 평생을 공포영화를 무서워서 못 보는 소녀가 돼지의 대장을 토해내야 하는 신사 이야기를 듣는다. 그래서 당신은 이러한 화제에 관심이 있다면, 인터넷 상의 동호회에서 하는 것이 무방하다. 친척, 친구, 남자 친구를 만날 때는 이런 이야기는 피하는 게 좋지 않을까?(남자 친구도 이런 이야기를 좋아하면 상관없다.)

넷째, 따분한 주제. 아이의 이가 났다든가, 아이가 긴다든가, 아이가 뒤집었다든가, 반려 동물이 털이 길었다든가, 반려 동물이 짝짓기하는 시기라든가, 화장품이 세일한다든가, 화장품에 문제가 있다든가, 화장품 효과가 정말 좋다든가 등 이러한 것들은 다 따분하고 시시한 것들이다.

다섯째, 점보는 이야기. 이런 이야기는 특히 남자 친구한테는 하지 않아야 한다. 남자들은 점보는 것에 대해 관심이 거의 없다. 당신이 이야기하는 사람을 상대방이 모르는 경우에는 특히 그렇다. 특별히 놀라운 점괘를 제외하고는 말이다. 주의할 점! 이웃의 운수는 절대로 남자 친구에게 이야기하지 마라. 이러한 일은 당신을 남의 집안의 자질구레한 일까지도 아는 시장 아줌마로 변하게 하니, 점보는 이야기는 엄마와 공유하라.

여섯째, 정치, 환경 보호, 동물 보호, 보편적인 과학 이야기. 이 모든 것에 관련된 것이라면, 될 수 있는 한 피하는 게 좋은데, 쉽게 재미없어지고, 쉽게 분위기 경직되며, 이야기를 중단시키기가 쉽기 때문이다.

일단 상대방의 눈빛이 흔들리고, 시계를 보거나, 휴대폰을 보거나, 다른 곳을 볼 때는 바로 위에서 이야기한 내용들과 대조하여 자신을 반성하고, 재빨리 화제를 바꿔야 한다.

모두를 만족시키는
남자 친구의 조건

"왜 아직까지 남자 친구가 없을까, 눈이 너무 높은 거 아냐?" 종종 이러한 질문을 받을 때 좀 억울하다는 생각이 들지 않나? "나는 키도 크고, 생긴 것도 나름 괜찮은 편이다. 내가 상대방에게 바라는 조건은 차가 있고, 집이 있는 사람이면 좋겠다는 것뿐인데, 이런 요구가 그렇게 과분한 것일까? 왜 늘 등 뒤에서 '뱁새가 황새 따라가면 가랑이가 찢어진다.'는 비웃음을 당할까?" 나는 당신이 내놓은 배우자 선택의 조건이 전혀 틀리지 않았고, 합리적이며, 좀 더 좋은 생활을 하고 싶은 것은 당연하다고 생각한다. 하지만 문제는 만남을 주선하는 중매쟁이들은 결코 이렇게 생각하지 않는다는 것이다.

당신은 자기가 내놓은 요구가 분명하고, 직접적이어서, 조건에 맞는 상대를 찾는 것이 더욱 쉬울 것이라고 생각하지 않나? 결코 그렇지 않다. 맞선을 보는 사람들 중에서 대부분은 당신의 생애에서 한 번만 만날 사람이기 때문에, 이렇게 상세하게 이야기할 필요가 전혀 없다. 예를 들어, "집이 있으세요?", "차 있으신가요?", "전 시어머님과 같이 못살아요." 이런 말은 마치 낯선 남자가 당신에게 "당신 가슴은 D컵인가요?"라고 묻는 것처럼 예의 없는 질문이다.

그래서, 지금부터 여러분에게 배우자에 대한 어떤 조건을 내놓는 것이 당신의 요구도 만족시키고, 여지도 남길 수 있고, 어르신들, 심지어는 맞선보는 대상까지, 모두의 귀를 만족시킬 수 있는지를 알려 주겠다.

아래의 모범 답안을 잘 외우기 바란다.

첫째, 성실하고 조용한 사람 또는 활발하고 활동하기 좋아하는 사람

이것은 지나치지 않고 무난한 조건이라서 여러분이 들으면 기쁠 것이다. 이 조건은 사람이 가진 성향을 크게 두 가지로 나눈 것으로, 정적인 것을 좋아하는 사람과 동적인 것을 좋아하는 사람을 의미하는 것이다. 당신은 먼저 필요 없는 것들을 벗겨 버려라. 아저씨, 아줌마, 친척들이 당신에게 관심을 갖기에도 편하고, 이것을 1순위 조건으로 내놓으면, 당신은 속물로도 보이지 않고, 인품을 중요시하는 사람이 된다.

둘째, 학력은 나와 같은 수준의 사람

이것도 지나치지 않다. 내가 대학을 졸업했으니, 적어도 나와 같은 학력을 가진 사람을 찾고 싶은 것은 합리적인 요구이다. 만약 유학 경험이 있거나 석사, 박사이면 더 좋고, 이렇게 하면 대부분 당신에게 부적합한 사람은 걸러지고, 이러한 조건을 엄마가 들어도 당신을 지지할 것이다. 당신의 행복을 위해서라도, 다음 대의 유전자를 위해서라도, 교양 있는 사람을 찾는 것은 허영이라고 할 수 없다.

셋째, 나를 먹여 살릴 수 있는 사람

이것은 꼭 '중매쟁이'에게 분명하게 이야기해야 한다. 나는 전업주부는 안할 것이라서 그 사람에게 나를 부양하라고 요구하지 않겠지만, 만약 임신을 하고 입덧이 심해서 출근할 수가 없다면, 그 때는 그가 나를 부양할 능력이 있어야 하지 않겠나? 어쨌든 물만 먹고 살 수 없으니까 말이다. 이것은 사실 그의 경제 능력을 규정하는 것인데, 만약 월수입이 200만 원 정도 되는데 집에 대한 대출까지 있다면, 도무지 감당이 안 될 것이다. 이 조건도 합리적인 것 같지 않나?

마지막 조건, 함께 이야기할 수 있는 사람

이것은 우리가 소위 말하는 ~~빠져나갈 구멍~~이다. 상대방이 정말로 위에서 말한 모든 조건을 만족시켰지만, 그래도 당신 마음에 안 든다면, 소개해준 아저씨, 아줌마께 뭐라고 말씀드려야 할까? "또 별로라고? 네가 원하는 조건 다 만족했잖아. 차, 집, 둘 다 있고, 월수입도 괜찮은 편인데, 어째서 그렇게 까다롭게 구는 거야?" 그래서 '함께 이야기할 수 있는 사람'은 가장 좋은 핑계이고, 어떠한 당신의 불만족도 여기에서 출발할 수 있다.

마지막 중의 마지막, 당신의 친척들, 이웃 아주머니에 대한 태도이다. 비록 결혼을 재촉하는 것은 귀찮지만, 이렇게 각 전선, 각 가정에서 활약하는 '국민 탐정'이 있어서 당신에게 더할 나위 없이 훌륭한 상대를 찾아준다면 좋은 일이다. 당신에게 누군가를 소개한 것이 당신을 모욕이나 한 것처럼 사람도 동물도 다 떠나게 하는 카리스마를 내뿜지 마라. 군중을 선동해야 대규모의 전쟁을 전개할 수 있고, 앞으로 갈등도 발생하고, 정적도 나타나고, 제3자가 나타날 조짐도 있는 것이다. 군중이 누구의 배후에 서 있는지를 알고 있는 사람이 비로소 진정한 승자이다.

Chapter 3

◆

연애하기 전 시동 걸기,
감성 지수가 높은 대화 기술

모든 남자에게는 한 가지 본능이 있는데, '간절히 원하면 이루어진다.'라고 생각하는 것이다. 남자에게 힘을 실어 주는 마법의 문장이 있는데, '나는 당신이 반드시 할 수 있을 것을 믿는다.'라는 말이다. 이 말을 들으면, 그들은 네 발로 기어서라도 당신을 대신해 꼭 완성해 낼 것이다.

썸타기의
키워드

왜 썸을 타야 할까? 시작할 때 우리가 사귀어야 하는지 아닌지를 분명히 이야기하는 것이 좋지 않을까? 그러나 인류의 감정은 그렇게 간단하지 않다. 수도꼭지도 아닌데, 한 번 틀면 콸콸 물이 나오듯 좋아하고 내일 수도꼭지를 잠근다고 곧 깨끗하게 잊어버릴 수 있을까? 감정이란 것은 매우 복잡한 것이다. 당신은 나는 분명히 그 사람을 싫어하는데, 그 사람이 다른 사람을 좋아하면 어째서 내 기분이 나빠지는 것인지 궁금할 것이다. 사실 썸타는 것은 모든 감정의 시작이고, 모든 감정 속에서 가장 아름다운 빛이다. 그러면, 우리는 도대체 어떻게 썸을 타야 할까? 썸탈 때 주의해야 할 키워드는 어떤 것이 있을까?

첫 번째 키워드: 관심

관심은 보통 친구의 관심보다는 좀 더 많지만, 그렇다고 특별하게 구분되지는 않는다. 억지로 말하면, 열성적이고 친구에 대해 관심 있는 사람이라고도 해석이 통할 수 있다. 이러한 관심은 남자들이 가장 소화시킬 수 없는 것이다. 요즘은 여성들이 자유롭고, 독립적이고, 제멋대로이고, 개성이 있는 시대이지만, 부드럽고 자상한 것은 영원히 시대를 뛰어넘을 수 없는 뛰어난 성품이다. 구체적으로 어떻게 할까? 그에게 관심이 있으면, 모든 사소한 부분에도 관심을 표현한다. 예를 들어, 그에게 문자 메시지를 보낼 때, "오늘 날씨가 변할 것 같네요. 겉옷 챙기는 것 잊지 마세요.", "오늘 보니 감기 걸렸던데, 약은 먹었나요? 약국 앞을 지나가고 있는데, 약 사다 줄게요."

두 번째 키워드: 언급

이 단어는 남자들이 당신이 계속 당신을 생각하고, 당신에게 관심을 가지고 있다고 생각하게 해야 한다는 뜻이다. 구체적인 방법은 생활 속에서 어떤 물건을 볼 때, 예를 들어 돌멩이 하나, 꽃 한 송이, 식당, 어떤 길, 이 모든 것을 그에게 보낼 수 있다. '당신이 생각났어요.'라는 문구를 넣어서. 왜냐고 물으면, 이야기를 지어내도 된다. 가장 좋은 것은 같이 갔던 곳, 같이 먹었던 것, 그가 식사할 때 언급했던 것 등등이다. 그러나 횟수가 너무 많은 것은 적당하지 않은데,

그러면 억지스럽게 보일 것이다.

세 번째 키워드: 특별함

모든 사람에게는 반드시 다른 사람과는 다른 습관, 취미 등이 있다. 예를 들어, 고수를 안 먹는다든지, 수박에 소금을 뿌려 먹는다든지 등. 당신은 두 혜안으로 이런 특별한 점을 발견할 필요가 있다. 한 가지만 있으면 충분하고, 반복해서 이야기를 꺼내면 된다. 당신은 인류가 자기의 특수화를 정말 좋아한다는 것을 알고 있다. 모든 사람은 세계에서 유일한 꽃, 당신이 가장 아름답고, 가장 좋고, 가장 강하고, 가장 돈이 많다 하더라도, 적어도 가장 특별한 것을 할 수 있다. 당신은 그들의 이러한 심리를 만족시키기 위해 그의 특별함을 반복해서 강조해야 한다.

네 번째 키워드: 역시 특별함

이 특별함은 그 사람의 개인적인 특별함이 아니고, 당신에게 있어서 그의 특별함을 이야기하는 것이다. 처음으로 함께 오페라를 같이 본 사람, 처음으로 세상에서 처음으로 다른 감정을 느끼게 한 사람(이런 말은 잘 지어낸 것 같나?) 등등. 어쨌든 그는 당신에 대해 특별한 의미를 둘 것이고, 그는 당신의 생명에 다른 흔적을 남긴 사람이다. 이렇게 말한다면, 남자는 듣자마자 당신을 다시 볼 것이다.

위의 네 가지 단어를 잘 숙지하였다면, 축하한다. 당신은 기본적으로 썸타는 것을 잘 배운 것이다. 그러나 썸타는 것은 어떤 때 결코 1대1은 아니라는 것을 잘 기억하라. 음식을 살 때도 꼼꼼히 까다롭게 고르면서, 연애는 어째서 잘 비교하지 못할까? 당신은 솔로이고, 매력이 있고, 서로 진심으로 원하며, 또 사람을 속이지도 않고, 억지를 부리지도 않는데, 도대체 무엇이 잘못됐을까?

절대 묻지
않아야 할 말

한 남자가 당신에게 친구 결혼식에 함께 가자고 하여, 그의 동행으로 결혼식에 초대된다면? 한 남자가 출장 또는 명절에 고향에 갈 때 자신이 기르던 강아지를 당신 집에 맡기려고 한다면? 한 남자가 새 집을 사면서 당신에게 참고할 의견을 좀 달라고 한다면? 한 남자가 술을 많이 마시면 늘 당신에게 전화한다면? 이럴 때, 당신은 분명히 그가 도대체 당신을 좋아하는지 아닌지를 정말 알고 싶을 것이다. 당신은 분명히 그가 "당신은 도대체 나와 사귀고 싶은가요, 아닌가요?"라는 질문에 속 시원하게 대답해 주기를 바란다.

나는 당신의 불안감을 전적으로 이해할 수 있고, 또한 당신 마음은 그를 떠나기도 서운하고, 마음을 정확하게 알고 싶기도 할 것이라는 것을 충분히 이해할 수 있다. 그러나 만약 당신이 아래와 같은 질문을 한다면, 당신을 기쁘게 하는 대답을 듣지 못할 것이 분명하다.

당신은 이렇게 물었을 것이다.

"우리는 도대체 어떤 관계인가요?"

"당신은 나를 어떤 사람으로 생각하나요?"

당신이 얻을 답은 분명히 "우리는 좋은 친구잖아요."일 것이다. 당신은 분명히 마음속으로 크게 욕하며 "좋은 친구? 내가 큰돈 들여 새 스커트를 사 입고 결혼식에 가고, 폭풍우에 개를 끌고 돌아다니며 개똥까지 주웠던 게 너랑 친구하자고 그런 줄 알아? 너랑 친구가 되면 날마다 로또를 맞고, 매일 출근하는 버스에서 어떤 사람이 대신 돈을 내주냐? 나는 너랑 사귀려고, 너와 결혼하려고 공들였던 거야!"

그러니 제발 위에 쓴 두 질문은 하지 마라. 일단 한계가 분명히 정해져서 좋은 친구가 된다면, 더 이상 진도 나가기가 아주 힘들다. 친한 친구라고 해도 역시 썸타는 것만 못하다. 당신이 묻지는 않았지만, 만약 당신이 그의 친구를 만났을 때, 농담 삼아 어떤 관계냐고 물으면, 오히려 그가 대답하기 전에 당신이 말을 가로채서 "친구예요."라고 대답하라. 여러분은 남자에게는 사냥꾼의 속성이 있다는 것을 반드시 기억해야 한다. 아무리 게으른 남자라도 모두 사냥꾼이고, 일단 먹잇감을 발견했는데, 그것이 자기 말을 순순히 듣지 않고, 도망갈 조짐을 보일 때, 그들은 오히려 벌떡 일어나 곧장 쫓아 따라 잡는다.

두 번째로 묻지 말아야 할 말은 "날 사랑해? 안 사랑해?"이다. 나는 여러분의 이런 마음을 충분히 이해한다. 커플이 된 지 벌써 몇 년이 지났는데, 청혼도 하지 않고 헤어지지도 않는다. 집에 가면 TV나 신문만 보고, 교류도 적으며, 처음처럼 껴안으며 상대방을 '허니~'라고 부르지도 않는다. 나는 이미 창가에서 45도 각도로 쳐다보며 눈물을 머금고 30분을 서 있는데, 그는 알아채지도 못한다. 내가 정말 목이 마르다고 했는데, 그는 차는커녕 물도 가져다주지 않고, 휴대폰만 보고 있으니……, 어떻게 된 일일까? 당신들 남친은 여전히 당신을 사랑할까? 사랑한다면 왜 당신에게 말하지 않을까? 우리는 당신이 매일매일 말해 주고, 때때로 말해 주고, 회사에 있을 때는 문자로 말해 주기를 간절히 바란다. 비록 '정말 귀찮아'라고 말은 하지만, 마음속에서는 반대로 시원하다. 그 마음 충분히 이해한다.

그러나 연애가 정체기에 들어가면, 남자들은 "사랑한다고 이미 이야기했잖아? 뭐 하러 계속 반복해서 힘들게 말해야 하는데?"라고 생각할 것이다. 아주 유명한 유럽 민요가 있다.

장미꽃은 붉고, 제비꽃은 푸르다.

내가 '나는 너를 사랑하지 않아'라고 말하지 않는다면,
나는 당신을 사랑하고 있다는 것을 설명해주는 것이다.

그래서 만약에 남자가 기념일도 아닌데, 어떠한 징조 없이 갑자기 당신에게 "사랑해."라고 말한다면, 오히려 그때는 걱정해야 한다. 투자에 실패했거나, 외도를 하는 중일 가능성이 크다. 그래서 쉽게 "나 사랑해?"라고 묻지 말고, 또 "사랑해."라고도 쉽게 말하지 마라. 만약 당신이 정말 못 참겠고, 정말로 표현하고 싶다면, 이 말을 "미워 죽겠어."로 바꿔라. 이 말은 분명히 당신에게 매우 행복한 밤을 가져다줄 것이다.

남자로부터 온
금전 시험

남자에게는 아주 이상한 특징이 있다. 바로 당신이 그의 돈을 사랑할까봐 두려워하는 것이다. 참 이상하지 않은가? '당신이 잘생겨서 좋다'라고 하면 화를 내지 않고, '당신이 돈이 많아서 좋다'라고 하면 화를 낸다. 잘생긴 것은 그렇게 태어난 것이고, 노력해서 얻은 것이 아니다. 그런데도 잘생긴 외모 때문에 사랑하는 것이 뭐가 그렇게 자랑스러운 것일까? 그러나 재물은 자신의 노력에 의해 얻은 것인데, 여자가 당신의 돈을 좋아한다고 하면 왜 화를 낼까? 나는 이해가 안 된다. 이 일은 내가 일찍이 많은 남성들에게 물어봤었고, 대체로 가장 근접한 사실의 답을 얻었다. 그것은 바로, 외모는 여자가 가져갈 수 없지만, 돈은 쓰면 없어지기 때문이다.

어쨌든, 남자가 이 사건에 대해 두려워하는 것은 결혼을 두려워하는 것과 비슷하다. 내가 알고 있는 매우 유명한 부자는 걸핏하면 자신을 운전기사로 가장하고 아가씨에게 구애하는 것을 좋아한다. 그런 뒤 그들이 자신의 가난함을 싫어하고 돈을 좋아하는 얼굴을 보이면, 마음속으로 색다른 쾌감을 느낀다고 한다.(이건 변태일 수 있다.) 어쨌든, 여자는 늘 당신이 도대체 나의 외모를 좋아하는지 내 영혼을 좋아하는지를 걱정하는 데 반해, 남자들은 당신이 나라는 사람을 좋아하는지 아니면 내 돈을 좋아하는지를 걱정한다.

여기에서는 나의 몇 가지 경험을 공유하여, 여러분이 이 재미없는 문제를 해결할 수 있기를 바란다.

남자는 돈에 관한 문제를 반드시 물을 것이다.

"내가 돈이 없어도, 그래도 나를 사랑할 거야?" 조심해라. 이 문제의 답을 간단하게 '사랑해'라고 말해서는 안 된다. 거짓말처럼 보이기 때문이다. 당연히, 사랑하지 않는다고 말할 수도 없다. 당신은 대꾸할 가치도 없다는 듯 "돈이나 있고? 같이 있을 때 자기 가난뱅이 같은데?"라고 대답하거나 "내가 자기 먹여 살리지 뭐, 당신은 뚱돌이나 하나 낳아줘."라고 대답하라. 이 두 가지 대답은 모두 당신의 사랑이 그의 사람됨을 사랑하는 것이며, 빈부에 상관없이 그와 함께할 것을 나타내주는 것이다.

당신 혼자를 위해 소비하는 것에는 자기 돈을 써라. 예를 들어 머리를 하러 갈 때, 네일아트를 할 때, 친구들에게 밥 사줄 때, 노래 부를 때 등이다. 그는 함께하지 않고 단지 당신을 마중하기 위해 나온 것이거나, 당신이 머리를 할 때 그냥 따라 온 것이라면 말이다. 이 때, 어떤 상황이든 당신이 돈을 내겠다고 고집해야 한다. 당신이 남자 친구의 돈을 계산하는 것같이 느끼게 해서는 안 된다. 이것이 바로 남자들이 돈에 대해 유난히 신중하게 변하게 하는 것이다.

물건을 살 때 여러 번 비교해라. 당신이 축구 시합을 엄청 싫어하듯, 그 사람도 쇼핑 다니는 것을 정말 싫어한다. 반복하고 또 반복해서 비교하라. 처음에 그는 쇼핑이 완전히 끝나는 것은 한참 멀었음을 느끼게 될 것이고, 되도록 일찍 해방되기 위해서, 재빨리 계산을 할 것이다. 두 번째는 그는 당신이 입어 보는 옷이 갈수록 비싸진다는 것을 발견하고는 일찍 물건을 사고 가지 않았던 것을 후회할 것이다. 당신이 더 비싼 옷을 사는 것을 막기 위해서, 그는 아마도 "그냥 이거 사자."라고 말할 것이다. 이 때, 당신은 고개를 끄덕이며 "좀 전에 입었던 그 옷으로 사요. 더 싸잖아."라고 말해야 한다.

항상 잔돈을 준비하라. 주차비, 음료를 살 때 등에는 돈을 먼저 내라.

때로는 그에게 거한 식사를 대접하기도 해라. 이 점이 중요한데, 월급이 올랐다거나, 승진했다거나 좋은 일이 있을 때, 남자 친구를 데리고 좋은 식당에 가서, 먹고 싶은 건 마음껏 주문하라고 인심을 쓴다. 이렇게 하면 두 사람의 서로에 대한 흥미도 높아질 뿐 아니라 두 사람의 관계도 더욱 평등하게 될 것이다.

남자가 가정법의
질문을 할 때

남자는 상상력이 매우 부족한 동물이다. 예를 들어 우리가 길에서 한 여성이 람보르기니를 운전하는 것을 보았다. 내 머릿속에서는 그녀에 대해 막장 드라마에서 나오는 각종 수단을 운용하고 있다. 누군가의 사랑을 얻기 위해 가짜로 임신을 하고……. 대재벌의 사랑을 얻어, 이런 호화 자동차를 얻었으나, 그의 부인이 못마땅하여 매일 그녀를 찾아와 괴롭히며, 심지어는 자객까지 보냈다. 그런데 그녀는 자객까지도 유혹하여 오히려 재벌의 아내를 상대할 줄 누가 알았을까? 재벌 부인의 아버지는 러시아 마피아의 두목이고……. 적어도 50회의 드라마를 찍을 수 있을 정도이다. 그러나 그것을 본 남성은 머릿속에 온통 이 여성의 섹시하고 사랑스럽게 그들을 향해 손을 흔드는 모습만이 가득할 뿐이다. 따라서 그들의 모든 상상은 이 여인의 몸매에 대한 환상에만 사용되고 있고, 그것이 전부다.

그래서 중점으로 돌아가, 만약 남자가 '만약~라면'의 질문을 한다면:

"만약 내가 바람피운다면, 어떻게 할 거야?"

"만약 내가 다른 여자를 사랑하게 된다면, 나랑 이혼할 거야?"

"만약 내가 널 사랑하지 않는다면, 넌 괴로울까?"

"만약 내가 빚이 많이 있어도, 나랑 사귈 거야?"

"만약 내가 이미 결혼했는데 당신을 속였다면, 날 미워할 거야?"

남자가 이런 종류의 질문을 했다면, 이런 일들이 이미 사실이라는 것을 말해주는 것이다. 그는 이미 다른 사람과 사랑에 빠졌고, 이미 당신을 사랑하지 않으며, 이미 빚을 졌고, 이미 결혼을 했다. 그는 당신에게 어떻게 말해야 할지 몰라서, '만약~ 이라면'이라는 가정의 방법을 꺼낸 것이다. 전에도 말했지만, 남자는 참 연약한 존재이다. 왜 많은 남자들은 헤어지고 싶으면 사라져 버릴까? 왜냐하면 당신에게 이야기할 용기가 없기 때문이다. 사실을 이야기하면, 당신이 멘붕이 되거나, 귀찮게 놓아 주지 않거나, 그를 죽일까 두려워서이다. 그러나 부득이 판을 깔아야 할 때가 왔을 때는 일부 남성들은 스스로도 믿지 못할 것으로 당신까지도 속이려고 먼저 '만약에~라면'이라는 질문을 생각해서, 당신의 마음을 떠보는 것이다. 그래서 당신의 남자가 당신에게 위에서 말했던 질문들을 할 때는 비상벨이 크게 커진 것이므로, 반드시 심각하게 생각해야 한다.

또 한 가지 '만약에 ~라면'이라는 질문 중에 맞선 볼 때 가장 쉽게 들을 수 있는 것이 있다.

"만약 결혼하면 어머니와 같이 살까 하는데 당신 생각은 어때요?"

"만약 우리가 같이 집을 살 때, 먼저 내가 돈을 내고, 모자란 부분은 대출을 받아 같이 갚기로 하고, 명의는 내 이름으로만 하는 것, 괜찮은가요?"

"만약 결혼하면, 집안일은 그쪽이 전부 다 할 수 있습니까?"

"만약 결혼하면, 아이는 몇 명이나 낳을 생각이십니까?"

"만약 결혼 후에도 내가 여사친들과 여전히 친하게 지낸다면, 반대하실 건가요?"

이런 질문들은 비록 아직 일어나지는 않았지만, 그럴 가능성이 아주 높다는 것을 보여준다. 위에서 예를 들었던 가정의 질문이 과거에 완성된 것이라면, 이것들은 장래의 것이다. 다시 말해서, 이러한 가정의 문제는 장래에 발생될 것이고, 그의 계획이다. 그 스스로도 합리적이지 않다고 생각해서 먼저 가정의 어조로 당신에게 묻는 것인데, 만약 당신의 반응이 격렬하면, 그는 "그냥 물어본 것이니, 너무 흥분하지 마세요." 이렇게 나올 것이다.

이런 질문에 대해, 어떻게 대답해야 할까? 내가 제안하는 것은 미소를 띠며 그에게 "왜 그런 질문을 해요? 정말 다른 여자 사람 친구랑 계속 친하게 지낼 거예요?"라고 물어라. 그는 분명 "그냥 물어본 겁니다."라고 대답할 것이다. 당신은 이어서 "그러니까요. 자기가 그런 후안무치인 사람은 아닌 걸로 아는데, 그런 너절한 친구 있어요? 제발 물들지 말아요."라고 말하라.

남자가 내게
듣고 싶은 대답

막 사귀기 시작했을 때 남자가 묻는다. "나 좋아해? 내 생각해?" 이런 말에 여성은 어떻게 대답해야 할까? 어떻게 대답해야 세련되면서, 또 애매하고, 오글거리지 않을까? 만약 그가 "나 보고 싶었어?"라고 물을 때, 당신이 "보고 싶었어."라고 대답하면, 그는 "어."라고 할 것이다. 이것으로 두 사람은 할 말이 없어져 버렸다.

내가 계속 이야기하고 있듯이, 화제는 연속성이 있어야 하고, 이야기할 만한 것이어야 한다. 특히 초기에는 절대로 "날씨가 정말 좋아요."라고 말해선 안 된다. 이렇게 말하면 상대방은 "응, 맞아요."라고 할 것이고, 이것 역시 한 마디 하면 끝나는 화제이다.

그래서 '나를 좋아해?'라는 질문에 어떻게 대답해야 계속 이야기해나갈 수 있을까? 그렇다. 바로 디테일이다. 비교적 좋은 답은 "생각했죠. 당신이 지난번에 밥 먹을 때 했던 웃긴 이야기가 생각났어요."라거나 "음. 당신이 집에 데려다준 게 좋았어요. 차 문도 먼저 열어주는 그런 세심함이." 이런 대답은 보고 싶었느냐 또는 좋아하느냐는 말에 대해 정면으로 대답하는 것도 아니고, 그의 질문에 대답을 한 것 같기도 하다. 중요한 것은 여러분이 이 질문에 이어서 이야기를 계속할 수 있느냐이다.

예를 들어, "아, 지난 번 그 식당 음식 정말 맛있었어요. 자긴 어쩜 그렇게 식당도 잘 찾아요? 평소에 광동 음식 좋아하나요?" 이런 화제는 상대방이 계속 대화를 이어갈 수 있게 한다. "그래요. 광동에서 3년 동안 일했거든요."라거나 "고객 모시고 자주 식사 대접을 하기 때문에 식당에 대해서는 아주 빠삭해요." 당신은 상대방에 대한 더욱 많은 정보를 캐낼 수 있다. 힘내라! 이야깃거리를 자신의 손에서 끝내지 마라. 그러다 두 사람 관계가 더욱 친밀해져서, 남성이 당신에게 고백한다면, 어떻게 말하는 것이 가장 적당할까?

상황을 한 번 설정해 보자.

오답

남자: "내가 너 먹여 살릴게."

여자: "왜 자기가 날 먹여 살려? 나 스스로 먹고 살 수 있다고요."

이것은 남자가 볼 때, 적나라한 거절이다. 나는 여성의 말이 아마도 내가 일할 능력이 있으니, 우리가 같이 평등하게 생활할 수 있고, 당신이 나를 부양할 필요 없다는 뜻이었을 것이라고 생각한다. 그러나 남자의 포인트는 정말로 '먹여 살리는 것'에 있는 것이 아니라 '내가 너를 책임질게. 나한테 맡겨.'에 있었다.

오답

남자: "내가 너 먹여 살릴게."

여자: "자기가 나 먹여 살릴 수 있어?"

이것은 남자의 입장에선 모욕이며, 당신이 그의 능력을 의심하는 것이다. 여자는 아마도 쑥스럽거나 고백 앞에서 속수무책으로 방어성이 강한 말로 안전감을 가지려고 했을 것이다. 사실 그녀가 말하려는 것은 "당신 월급이 얼마예요? 날 먹여 살릴 수 있나요? 나 한 달에 300만 원은 써야 해요"는 정말 아니었다. 그러나 남자는 정말로 여자의 말이 내포하는 바를 알아들을 수가 없다.

정답

남성: "내가 널 먹여 살릴게."

여성: "진짜로? 그런데 나 밥 정말 많이 먹어요. 나 먹여 살리려면 돈

많이 들 텐데…… 그렇지만 나도 적게 먹으려고 노력할게요."

이런 대답은 반드시 격한 포옹과 키스를 부를 것이다.

당연히 많은 남성의 다른 고백은 "너를 좋아해."이다. 제발 "응."이라고 대답하지 마라. 응은 무슨 응? 선생님이 답안 채점하나? 또 "좋아."라고도 대답하지 마라. 좋긴 뭐가 좋나? 당신은 도대체 좋아하나 안 좋아하나? 더욱 하지 않아야 할 대답은 "고마워."이다. 상대가 고백한 것이지, 자리를 양보한 것도 아닌데, 감사는 얼어 죽을 감사! 자신이 고귀하고 우아하다고 생각하나? 이런 건 미국 드라마를 너무 많이 봐서 생긴 후유증이다!

'너를 좋아해'라는 고백에 대한 정확한 대답은 "응? 이거 고백이에요?"

남자의 긍정의 대답을 들은 후, 당신은 이어서 "그러면 나 진심으로 받아들여요. 마음 변하면 안 돼요. 나도 당신 좋아해요."라고 대답해야 한다.

천 냥 빚을 지는 말
VS 천 냥 빚을 갚는 말

이 문제에 대해서는 내 블로그에 올려놓았던 어떤 여성이 보낸 사연을 공유하고자 한다. 대략의 내용은 이렇다.

제 남자 친구가 행글라이딩을 하러 가려고 하는데, 제가 농담으로 '이런 익스트림 스포츠를 하려면 나중에 보험을 들어놔요. 수익자는 나로 쓰고.'라고 했더니, 남자 친구는 '보험을 들어도 수익자를 너로 하지는 않을 거야. 우리 엄마라고 써야지.' 라고 대답하는 거 있죠? 제가 왜냐고 물었더니, "만일 당신이 고액의 보험금을 받으면 재혼하지 않겠어? 그렇게 되면 우리 식구는 아무것도 못 받잖아." 그 말을 듣고 저는 무척 괴로웠어요. 만약 제가 보험에 가입한다면, 저는 수익자를 그로 할 거거든요. 그 사람이 저희 엄마를 잘 돌봐 줄 거라고 믿었는데, 그 사람은 저를 오해하고, 저를 믿지 않다니 정말 속이 좁아요. 그래서 결국 싸웠어요. 선생님은 누가 틀렸다고 생각하세요?

사연을 보낸 여성이 말을 잘했는지 아닌지는 좀 있다 다시 이야기하기로 하자. 여러 기준에 대어 말하면, 이 남자 친구의 이야기는 정말 듣기가 어렵다. '보험을 들어도 결코 너를 수익자로는 하지 않을 것'이라니, 이런 사람과는 일찌감치 헤어지는 것이 좋다. 나는 이 사연을 다 읽고 「어째서 당신은 늘 말 못하는 남자를 만날까?」라는 글을 꼭 써야겠다고 생각했다.

사실 당신의 애인은 당신의 거울이어서, 당신이 어떤 사람이면 그어떤 사람을 만날 것이다. 이것은 왜 드라마 《황제의 딸》에서 얼캉이라는 튀는 남자가 즈웨이 같은 가식적인 여자를 사랑하게 되었을까? 그가 칭거거와 억지로 함께 했다면 행복할 수 없었을 것이다. 말하는 것도 똑같다. 당신이 상대방에 대해 '어떻게' 말을 하면, 상대방도 당신에게 '어떻게' 대답한다. 생각해보라. 만약 당신이 태도가 온화하고, 말투가 부드러운 사람이라면, 당신의 남자 친구는 매일 당신과 마주하고 있지 않을까? 반대로, 우리가 늘 봤던 큰길에서 때리고, 욕하는 연인은 누구도 쉽게 다룰 수 있는 사람이 아니다.

다시 이 사연으로 돌아가자. 왜 그녀의 남자 친구는 이렇게 기분 나쁘게 말했을까? 누가 익스트림 스포츠를 하러 갈 때, 보험 들라는 말을 듣고 싶겠는가? 당신은 그가 죽기를 기다리고 있는 건가? 행운을 빌어주는 말을 할 수는 없었을까? 그렇게까지 못하겠다면, 격려하는 말은 할 수 있지 않았을까? 보험에 가입하고, 수익자는 자기를 쓰라고 하는 것은 칼을 가지고 상대방의 안전띠를 끊으려고 하는 것처럼 생각된다. 아가씨는 아마도 단순히 농담한 것이었겠지만, 누가 이런 농담을 좋아하겠는가? 당신이 운전해서 나가려 하는데, 어떤 사람이 "너 교통사고 나면, 네 노트북은 나한테 남겨줘."라고 말한다면, 당신은 기쁠까? 누가 이런 말을 듣고 화가 나지 않을 수 있을까? 그가 "써도 네 이름은 안 써!"라고 말했던 것이 쉽게 이해된다. 그의 감정이 담겨 있었기 때문이다.

그래서 여러분에게 여러 번 신신당부했듯이, 늘 상대방에게서 문제를 찾으려 하지 말고, 그가 어째서 당신이 듣고 싶지 않은 말을 했던 것인지, 자신이 그에게 상처가 되는 말을 하지는 않았는지를 생각해봐라. 남자 친구가 당신에게 말하는 태도가 좋지 않음을 탓하지 말고, 당신이 그에게 월급을 주는 것도 아닌데, 당신이 악담을 해대는데도 예의를 지켜 상대할 필요는 없는 것이다. 두 사람이 사귈 때, 많은 시간을 상대방을 질책하는 것에 쓰면서, "내가 너랑 싸우는 것은 네 태도가 좋지 않기 때문이야."라고 생각한다. 왜 우리는 자신부터 태도가 좋은 사람으로 변하지 않을까? 이렇게 되면 상대방도 당신에 대해 나쁜 말을 하지 않을 텐데 말이다.

나의 보험 매니저가 한 이야기를 들려주었다. 한 부부가 그녀에게 상해보험을 가입하러 왔는데, 남편이 20세 정도는 더 나이가 많은 늙은 남편과 젊은 아내였다. 수익자를 써야 할 때, 남편이 입을 열지도 않았는데, 아내가 말했다. "XX(전처 아들)의 이름 쓰세요. 엄마도 없이 어릴 때부터 당신 곁에서 자라지도 못했는데, XX로 하는 게 당연해요." 남자는 너무나 감동해서 "나한테 일이 생기면, 당연히 당신한테 돈을 남겨줘야지."라고 말했다. 아내가 남편을 안으며 "당신이 뭘 하든지 나랑 같이 있을 텐데, 무슨 일 생기면 나도 당신이랑 같이 죽을 거예요." 남자는 감동해서 눈물을 마구 흘리며, 생명보험을 하나 더 가입해서, 수익자를 아내로 하였다.

위에서 말한 사연에서도 이와 마찬가지로 상대에게 자신이 원하는 대답을 듣고 싶었다면, 남자 친구를 향해 달콤하게 "조심해요. 행글라이딩 할 때도 내 생각하고."라고 속삭여야 했다. 나는 이 말을 들은 그녀의 남자 친구가 절대로 불쾌한 말을 하지 않았을 것이라고 믿는다.

중요한 것은
사실이 아니다

우리는 생활 속에서 이러한 일들을 반드시 겪게 된다. 남자가 완전히 괴물 같은 머리 모양으로 이발을 하거나 최민수 같은 가죽 재킷을 입고는 의기 양양해하며 잔뜩 기대에 부풀어 당신에게 묻는다. "어때? 멋있어?" 이 때, 뭐라고 대답해야 할까? 많은 사람들은 "전혀!"라고 말할 것이다.

이것은 정말로 잘못된 대답이다. 먼저, 남자 친구의 이상한 모습은 이미 사실이고, 당신이 정말 못생겼다고 말한다고 해도 결코 바뀔 수가 없다. 두 번째, 그가 이렇게 기대에 부풀어 당신에게 말하는 것은 즐거움을 나누자는 것이지 공격을 받고 싶어서가 아니니, 못생겼다고 해도 또 무슨 상관이 있을까? 당신의 의견은 결코 중요하지 않다. 당신은 단지 그의 머리를 쓰다듬으며 "귀여워."라고 말해주면 그것으로 충분하다.

원래 나도 '자신의 생각을 어째서 솔직히 말하면 안 되는 거지?'라고 생각했었다. 분명히 정말 못생긴 게 사실인데 솔직하게 이야기하는 것이 나쁜가? 그러나 솔직하면 뭐가 좋은지 물어보고 싶다. 남자친구는 당신이 재미없고, 말로 상처나 줄 뿐, 자신의 미적 감각을 전혀 이해 못한다고 생각한다.(비록 남성의 미적 감각은 정말 수준이 떨어지지만 말이다.) 결과적으로는 즐겁지가 않다.

내 친구 한 명은 골동품 감정사이다. 한 번은 그 친구와 함께 유명 연예인 집에 놀러 갔다. 연예인은 골동품 수집에 취미가 있는 사람인데, 직접 가서 보니 집 전체가 가득 각종 '엉망'인 물건들로 가득 차 있었다. 연예인이 목에 잔뜩 힘을 주며 어떤 깨진 병을 들고 말했다. "원나라 때 만들어진 청화 자기인데, 어때요?" 내 친구가 말했다. "좋은 물건이네요!" 연예인은 또 카펫 위에 한 3천 원 정도 되어 보이는 도자기 말을 들고 "당삼채(唐三彩)인데, 선물 받은 거예요." 내 친구가 말했다. "누가 이렇게 손이 큰가요?" 연예인은 저녁 내내 좋아서 어쩔 줄 몰랐다. 손님과 주인이 모두 즐거웠다. 그 집을 나왔을 때, 나는 정말로 이해가 되지 않아서 "너 왜 거짓말했어? 나 같은 문외한이 봐도 다 가짜던데."라고 말하자, 그는 오히려 "가짜면 좀 어때, 그 사람이 나한테 팔 것도 아니잖아. 다 같이 즐거운 게 좋지 않아?"라고 말했다.

이 친구 아주 똑똑하다고 생각하지 않나? 같은 이치로, 남자 친구가 당신과 똑같은 스타일로 머리를 자르라는 것도 아니고, 그의 몸에 있는 옷을 당신에게 사라는 것도 아닌데, 좋게 말해 주는 게 어려운 것일까?

돌이켜 생각해보면, 대다수의 사람들은 모두 당신처럼 그의 헤어스타일이 이상하다고 말할 수 있지만, 적어도 내가 생각하기에는 훌륭하다. 그는 당신이 자신을 꽤 이해해준다고 생각해서, 자신의 일을 당신과 공유하기를 더욱 원하지 않을까? 그로 인해 두 사람의 감정이 더 발전되지 않을까? 더 깊이 한 번 생각해보니, 그가 이렇게 못생긴 상태로 외출하면 그를 마음에 들어 하는 여자들도 좀 줄어들지 않을까?

여러분에게 다시 한 번 질문한다. 헤어스타일은 그래도 괜찮은데, 옷, 그 옷은 누가 그에게 사주었을까를 생각해본 적 있나? 그가 직접 샀다면 됐다. 하지만 그의 어머니가 사주신 것이라면, 당신은 전혀 모르는 상황에서 이미 예비 시어머님께 죄를 지은 것이 된다.

좋다. 여기까지 보고 나서 당신은 "정말 귀여워."라고는 절대로 못하겠다고 할 수 있다. 그럼 어떻게 하면 될까? 세상에는 형용사가 한 개만 있지 않다. 당신은 매우 부드럽고, 매우 완곡한 방법으로 이 질문에 답해야 한다. '느낌이 있네.', '시원해보여.', '미용사가 노련한가봐.' 이런 대답 말이다. 만약 당신이 정말로 이런 완곡한 말을 할 수 없다면, 다른 방법 알려주겠다. 그것은 바로 '주제를 피해서 돌려 말하고, 직접 평가는 하지 않는 법'이다. 예를 들어 당신은 "어디에서 잘랐어요? 아, XX 거기, XX 상점 근처에 있는 거 말인가요? 그 옆에 있는 영화관에서 영화 볼까요? xxx 영화 거기서 한다던데."라든가, "오늘 어떻게 옷을 사러 갈 생각을 했어요? 어머님 따라 쇼핑했어요? 어머님은 잘 지내시죠?" 이런 식으로 말이다.

자기 주관이 있는 사람이 되는 것은 좋다. 하지만, 자기의 관점을 매 순간마다 말해야 할 필요는 없다. 사실이 도대체 어떤지는 진짜로 정말로 중요하지 않다. 중요한 것은 당신이 어떤 결과를 원하느냐이다.

절대로 해서는
안 되는 말

여러분에게 세 개의 작은 비단 주머니를 주려고 한다. 세 개의 비단
주머니에는 각각 한 단어씩 들어 있는데, 그것을 열어 본 후에는 그
것들을 태워서 평생 동안 그것들을 사용하지 않아야 한다. 그것들은
볼 때나 말할 때 악의는 없지만, 들었을 때 상대방을 불쾌하게 하는
것이기 때문이다.

첫 번째 단어는 바로 모든 악의 근원인 '그러나'이다.

'그러나' 뒤에 따라오는 말은 모두 상대의 반감을 일으키기 쉽다.
예를 들어, 남자 친구가 "내 옷 멋있어 보여?"라고 물었을 때, 일반
적으로 성공학 서적에서는 당신에게 이렇게 가르친다. "대체로 훌
륭하네요. 그러나 셔츠를 반드시 짙은 남색으로 바꿔야 바지랑 어울
리겠어요." 하지만 우리가 더 잘 해내려면, 되도록 '그러나'라는 말

은 하지 않아야 한다. 한 번 더 생각해보고, '그러나'를 '게다가'로 바꾼다면, 이 말은 이렇게 될 것이다. "정말 멋져요. 당신한테 잘 어울리네요. 게다가 당신이 짙은 남색 셔츠로 갈아입으면 더 완벽할 거예요." 한 단어만 바꿨을 뿐인데, 이렇게 큰 차이가 날까? '그러나'가 표현하는 것은 전환 관계로 앞에서 칭찬한 공을 다 없애버리기가 쉽지만, '게다가'는 점진적 관계를 나타내기 때문에, 앞에서 칭찬한 것에 대해 모두 긍정하는 것이다. 따라서 기억해라. 모든 '그러나'는 '게다가'로 바꿔야 한다.

두 번째 단어는 '사실은~'이다.

누가 사실을 듣기 원한다던가? 나의 개인적인 경험으로 보면, 보통 '사실은~'의 뒤에는 부정적인 말이 온다. "사실은, 네가 입은 옷 뚱뚱해 보여.", "사실은, 네 이야기는 전혀 재미가 없어.", "사실은, 네가 통과한 게임 원래 별것도 아니야.", "사실은, 당신과 나의 관계는 전혀 진지하지 않아." 등 '사실은~' 이 말이 진짜로 사실일까? '사실'의 당사자는 당신이 사실이라는 이유로 그런 이야기를 하는 것에 동의했나? 나는 당신이 나를 칭찬하는 말을 듣고 싶다! 어떠한 사실 뒤에 오는 말은 모두 나에게는 삼켜야 될 것들이다. 매번 당신이 이 단어로 시작하려고 한다면, 멈추고, 한 번 생각해보라. 만약 그럴 수 없다면, 말을 거둬들이고, 미소를 띠거나, 고개를 끄덕여라.

만약 당신이 심각한 주제에 대해 이야기할 생각이라고 해도, 절대로 이 말로 시작해서는 안 된다. '사실은~'을 비교적 주관성이 강한 '내 생각에는'으로 바꾸어 보아라.

세 번째 단어는 '내가 진작부터 ~라고 말했었잖아'이다.
이런 상황을 생각해보자.
상황 1) 당신이 휴대폰을 잃어버렸다. 당신 남자 친구가 이렇게 말했다.
"휴대폰 잘 챙기라고 진작부터 자기한테 말했었잖아."
상황 2) 당신이 남자 친구에게 채였다. 당신의 친한 친구가 이렇게 말했다.
"내가 진작부터 그 남자 믿을 만한 놈 아니라고 했잖아."

위의 상황에서 당신은 마음속에서 어떻게 생각하겠는가, 벌써 그 사람을 욕하기 시작했나? 마찬가지로 당신이 다른 사람에게 반대로 이 말을 사용한다면, 다른 사람의 마음속에도 일만 마디의 나쁜 말들이 솟구쳐 오를 것이다. 이 말은 전형적인 뒷북으로, 당신이 똑똑하다고 과시하는 것 외에 좋은 점이 전혀 없다. 일이 이미 이렇게 되면, 당신이 그렇게 똑똑한데, 왜 막을 수 없었나? 어째서 구제할 수 없었나? 따라서 어떠한 상황에서도 당신이 정말로 '진작부터 말했잖아', '진작부터 알아차렸다니까' 이런 말을 할 필요가 없는 것이, 일어난 일에 이미 전혀 도움이 안 되기 때문이다. 상대방이 좌절을 겪고 있고, 어려움을 만났을 때, 당신이 똑똑하다는 것을 보여줄 필요는 전혀 없다. 이 말은 어떠한 상황에서도 말하지 않아야 하고, 말할 필요가 없다. 절대로! 꼭! 기억하자.

"나는 당신이 해낼 수 있을 것이라고 믿어요"

한 번은 친구와 같이 식사를 했다. 그녀가 과일 주스를 주문했는데, 오렌지 주스가 나왔다. 그녀는 좀 전에 말을 잘못했다는 것이 생각났는데, 수박 주스를 마시고 싶었던 것이다. 그래서 그녀는 종업원을 불러 바꿔 줄 수 있는지를 물었다. 종업원은 당연히 안 된다고 말했다. 그녀는 종업원에게 두 손을 모으고 "제발요, 하나도 안 마셨다고요. 한 번만 물어봐 주시면 안 될까요? 제 생각엔 해주실 수 있을 것 같은데요." 종업원은 생각해보더니 오렌지 주스를 가지고 들어갔고, 곧 그녀에게 수박 주스를 가져다주었다.

이것이 바로 매우 똑똑하게 상대방을 '비행기태우기' 한 것인데, 상대방이 번거로움을 감수하고 도와주어야 할 때 또는 잘못을 인정할 때, 이 방법이 아주 유용하다.

한 번은 회사의 영업 과장에게 서류를 주어야 했다. 나는 회사에 거의 안 들어가기 때문에, 과장의 사무실 입구에서 슈트를 입은 한 사람을 보고, 그에게 직접 서류를 주었다. 저녁 때 집에 돌아와서 과장에게 서류를 받았는지 문자로 물었더니 과장은 받지 않았다고 했다. 반나절이 지나고 나서야 내가 얼굴을 몰라서 서류를 사장님께 드렸다는 것을 알게 되었다. 그 다음 날, 나는 사장님 사무실에 가서 용서를 구했다. 그는 "중요한 서류를 어떻게 아무렇게나 다른 사람에게 줍니까? 이렇게 하면 회사의 사업 기밀이 쉽게 새어나갑니다." 나는 사장님 말씀을 다 듣고 나서, 고개를 들고, 심각하게 말했다. "정말 죄송해요. 앞으로 반드시 주의하겠습니다. 하지만 사장님이 얼마나 신뢰감 있게 생기셨는지, 얼굴만 보아도 믿을 수 있겠더라고요." 사장은 이 말을 듣고 매우 기뻐했다.

모든 남자에게는 한 가지 본능이 있는데, '간절히 원하면 이루어진다.'라고 생각하는 것이다. 남자에게 힘을 실어주는 만능 문장이 있는데, '나는 당신이 반드시 할 수 있을 것을 믿는다.'라는 말이다. 이 말을 들으면, 그들은 네 발로 기어서라도 당신을 대신해 꼭 완성해낼 것이다. 당신이 "나는 당신이 꼭 해내서 내게 특별한 새해 선물을 줄 거라고 믿어요."라고 말하면, 그들은 대부분 먹는 것도 아끼고 몇 달 동안 절약하여 당신에게 명품 가방을 사 줄 것이다. 당신이 "나는 당신이 내 친구 앞에서 내 체면 살려줄 거라고 꼭 믿어요."라고 말하면, 그들은 당신이 출근할 때 이를 악물고라도 페라리로 배웅할 것이다.

남자들은 사실 나약하다. 어렸을 때부터 부모님이 여러 '이웃집 아들'과 비교하는 속에서 어렵게 살아왔고, 사회에 들어와서는 자신이 사내대장부이기 때문에 어쩔 수 없이 짊어져야 할 것이 많았다. 그래서 여자 친구나 여사친으로부터 인정받는 말을 듣거나, 중대한 임무를 위탁받으면, 그들은 대부분 자신이 진짜로 당신의 부탁을 들어줄 만한 능력을 가진 사람이라는 이미지를 유지하기 위해, 할 수 있는 최대의 가능성을 동원해서라도 완성시킬 것이다.

내 동료 중 한 명은 매번 남자 친구와 밥을 먹을 때, 남자 친구가 그녀에게 무엇을 먹겠느냐고 묻는단다. 그녀는 머리 굴리는 것을 좋아하지 않아서, "아무 거나요, 자기가 골라요."라고 말했다. 한 번은 그녀의 남자 친구가 "당신은 어째서 모든 게 아무 거나야?"라고 물었다. 그녀는 내 방법으로 대답했다. "그러네요. 당신이 선택한 식당이 정말 좋아서, 당신한테 넘겨야 제일 안심이 되거든요." 그 때부터 그녀의 남자 친구는 전혀 귀찮아하지 않고 기쁘게 '식당 선택 대사'의 임무를 맡았고, 다시는 원망의 말 한 마디도 하지 않았다.

따라서 모든 언니 동생들이여, 이렇게 충만한 마법의 힘이 있는 말을 기억하고, 아울러 자주 사용하라.

"나는 당신이 해낼 수 있을 것이라고 믿어요."

"내가 의지할 사람은 당신뿐이에요."

"당신 없으면 정말 안 돼요."

"정말로 당신이니까 완성할 수 있었던 거예요."

말을
부드럽게 하는 기술

지난 번 책에서 어떻게 말하는 것이 부드럽고, 애교를 부리는 것 같
은지를 이야기한 적이 있는데 아직 기억하고 있는지 모르겠다.

다시 한 번 대략적으로 복습하면,

1. 문장의 마지막 부분, 즉 말꼬리 부분을 약간 올리듯 말한다.

2. 명령문을 대신해 의문문을 많이 사용하라.

   예) 물 좀 건네주세요. → 달링, 목말라 죽을 것 같은 아내에게 물
   좀 줄 수 있을까요?

3. 확신에 찬 말투보다는 '좀 ~이다' 또는 '~인 것 같다'는 말투를 사
   용한다.

   예) 물건이 싸네. → 물건이 싼 것 같네.

예) 이거 먹어요. → 이것 좀 먹어요.

4. 막말은 하지 않는다.

　　예) "꺼져!" → "미워!"

5. 절대로 자신을 3인칭으로 부르지 말라. 그것은 애교가 아니라 바보 같은 짓이다.

지난 번 책에 있던 내용을 잘 숙지하였다면, 이번에는 일부 기술적인 작은 팁들을 가르쳐주고자 한다.

첫 번째 기술은 바로 '응응'하는 '콧소리'인데, 이것은 비교적 고급 단계의 동작, 남자 친구의 팔을 잡고 놓지 않거나, 머리를 그의 가슴에 비비거나, 등 뒤에서 그를 두 팔로 껴안고 얼굴을 비비는 등의 동작을 섞어서 애교를 부리는 방법이다. 이 동작이 정말 중요하다. 어쨌든 목적을 달성하지 못하면 멈추지 말고, 끊지 말고 계속 '응응' 소리를 낸다. 내게 원리를 묻지 마라. 나도 모른다. 내가 아는 것은 단지 매번 이렇게 하면 성공할 수 있다는 것이다.

두 번째 기술은 입을 삐죽 내미는 것이다. 이것은 비교적 간단한데, 억울하다는 모양이다. 그러나 이 동작은 무고한 눈빛, 가엾은 눈빛, 눈물이 그렁그렁한 눈빛과 함께 할 때 효과가 훨씬 더 좋다. 평상시 아무 일 없어도 셀카 찍는 것을 그렇게도 좋아하면서 이런 동작도 열심히 연습해두자.

대부분의 여성들은 위에서 말한 것을 숙지했더라도, 어색하다고 생각한다. 그러나 여기에서는 비교적 꾀를 부리는 방법을 가르쳐주겠다. 그것은 바로 사투리의 말투, 억양을 흉내 내는 것이다. 내가 올린 동영상 아래에 어떤 사람이 댓글로 질문을 했다. "당신은 분명히 대륙 사람인데, 어째서 말에 타이완 억양이 있지요?" 맞다. 나는 타이완 억양이 어떤지 연습해보고 있다. 여러분도 한 번 다른 지역의 사투리 억양으로 연습해보자. 예를 들어, "오빠, 나 이거 사주면 안 돼?"를 "오빠야~ 나 이거 사주면 안 되나?" 좀 간드러지는 것 같은 느낌이 좀 드는가?

남자의 사투리 억양은 뚝뚝하고, 여자의 사투리 억양은 애교스럽다. 애교스러운 사투리가 나오는 드라마 또는 예능 프로그램을 켜놓고, 안 봐도, 옆에 두고 들으면서, 영어 듣기 연습하듯이 들어라. 오랫동안 영향을 받으면, 당신은 애교스러운 사투리 억양을 습득할 수 있다. 주변의 사람들이 당신을 부끄러워하더라도 두려워하지 마라. 무의식중에 당신의 입에서 나오는 말이 애교스러우면, 당신은 진짜 성공한 것이다.

남자들은 여자보다 100% 청각적인 동물이다. 왜 달콤한 말을 잘하는 여성이 잘 살까? 왜냐하면 당신이 말한 것이 모두 가짜이고, 모두 쓸데없는 말이라고 해도, 상대에게 좋은 말이고, 칭찬하는 말이며, 부드러운 말이라면, 누구든지 쉽게 받아들이기 때문이다.

매번 화를 내고 싶지만, 손을 댈 수도 없고, 욕도 할 수 없을 때, 달콤하고 애교 섞인 말로 화를 내려면 우리는 어떻게 말해야 할까? 여러분에게 그 때 할 수 있는 비법 문장을 알려주겠다. 이 문장을 꼭 기억해라.

"당신이 나한테 어떻게 이럴 수 있어?"(feat: 발을 동동 구르면서)

자신의 실수
인정하기

실수하지 않고 사는 사람이 누가 있을까? 누구나 실수하고 또 계속 잘못한다. 비록 우리가 매일 남자를 800번 용서해야 계속 그들을 사랑할 수 있지만, 우리 자신도 매일 800번을 용서하지만, 늘 어떤 기준이 맞는지 파악하지 못해서 정말 놀라고 당황스러운 문제를 일으킨다. 예를 들어, 화이트 데이에 당신이 "전 꽃 선물 정말 싫어해요. 너무 뻔하잖아요."라고 말했다고 하자. 남자 친구가 정말 꽃을 안 사 왔다면, 당신은 또 '이 속 좁은 남자야, 화이트 데이에 꽃도 안 사오냐.'라고 생각할 것이다. 남자에게는 우아하게 "선물 정말 마음에 들어요."라고 말하고는, 고개를 돌려 상점에 가서 그가 고른 촌스러운 옷을 환불하고, 신발로 바꾼다.

실수는 할 수 있다. 다만 잘못을 인정하면 된다.

그렇다면 이번에는 어떻게 잘못을 인정할 것인지에 대해 이야기해보려고 한다.

첫 번째 방법은 자진납세법이다.

비난을 받기 전에 바로 잘못을 인정하는 방법이다. 친구 중에 쇼핑광이 있는데, 한 번은 그녀가 여행을 가서 자신의 카드와 남편의 카드로 확 질렀다. 집에 돌아와서 남편과 저녁을 먹는데, 남편이 설거지를 하려고 했다. 그녀가 소리쳤다. "놔둬요. 내가 할게." 남편은 정말 이상하게 생각하며 "오늘따라 왜 그래?" 그녀는 아주~아주 불쌍하게 "내가 올 한 해 생활비를 다 썼거든요. 당신한테 잘 보이려면 한참 멀었어요." 순간, 그녀의 남편은 웃었고, 카드 긁은 일도 대수롭지 않은 일이 되었다. 다른 사람에게 혼나기 전에 빨리 진심을 다하여 잘못을 인정하면 쉽게 용서를 받을 수 있다. 비슷한 상황이 또 있다.

"오늘 저녁 밥 아마도 엉망으로 만들었나봐. 당신 먼저 위장약부터 먹을래요?"

"자기, 내가 큰 실수를 했는데, 맞아야 할까봐. 오늘 자기랑 저녁 먹기로 약속해놓고, 내가 또 친구랑 영화를 보기로 약속했네. 미안해요. 돌아가서 꼭 보상할게요."

두 번째 방법은 얼굴에 철판 깔기이다.

만약 당신이 정말로 남편이 발견하기 전에 자신의 잘못을 인정하기에 늦었다거나, 남편이 화난 후에야 비로소 자신의 잘못을 깨달았거나 하는 상황에서는 먼저 자존심을 내세우며, 내뱉듯 말하지 말아야 한다. "당신 그게 무슨 반응이에요! 내가 실수 한 번 한 것 가지고, 그게 뭐 대수라고?" 이렇게 하면 상황을 되돌릴 수도 없을뿐더러, 더 큰 다툼을 만들기가 쉬워서, 전혀 필요가 없다. 이때는 남편의 옷자락, 소매를 잡아끌며, "화내지 말아요. 나를 세상에서 제일 제일 어린 아이라고 생각해요."(이 말 정말로 토할 것 같지 않나? 그러나 당신에게 놀랄 만한 결과를 가져올 것이다. 어떻게 알았느냐고 묻지 마라. 하!하!하!)

세 번째 방법은 눈물로 동정심을 자극하는 방법이다.

위의 두 방법이 효과가 없었다면, 이때는 아마도 도구, 즉 눈물이나 안약이 필요한데, 눈물이 그렁그렁한 상태에서 남자를 바라보며 "나도 잘못한 것 알고, 나도 정말 괴로워요." 이것이 끝이 아니다. 이것은 첫걸음일 뿐이다. 남자의 화가 가라앉기를 기다린 후, 이어서 그의 품에 기대서 "내가 실수하긴 했는데, 자기가 이렇게 화낼 줄은 몰랐어요. 얼마나 놀랐다고. 앞으로 내가 잘못하면, 작은 소리로 나한테 알려 줄래요? 나한테 무섭게 안 하면 안 될까요? 자기가 무섭게 하니까, 머릿속이 하얘져서 세상이 무너질 것 같잖아요."(여전히 토할 것 같은가? 그러나 당신이 이 말을 하고 나면, 당신이 잘못을 인정하는 것이 아니라, 오히려 남자가 잘못을 인정하게 될 것이다.)

네 번째 방법은 작정하고 억지 부리기이다.

이 방법은 별로 심각하지 않고, 대세에 큰 지장이 없는 실수에 비교적 적합하다. 결과적으로 말하면, '모든 것을 남편의 잘못으로 미루는 방법'인데, 이유는 다음과 같다.

"모든 게 당신이 쇼핑갈 때 같이 안 가줘서 생긴 일이에요. 내가 그래서 마구 샀잖아요."

"모든 게 당신이 나한테 귀띔해주지 않아서 그래요. 내가 친구랑 약속하고는 당신이랑 약속한 것은 잊었잖아요."

"모든 게 당신이 매일 나한테 사랑한다고 말해주지 않아서 내가 아무렇게나 생각한 거잖아요."

"당신이 너무 바빠서 내가 외도한 거잖아요." (아니다. 농담한 것이고, 이런 일은 맞지 않다.)

어쨌든, 모든 원인은 나는 당신을 사랑하는데, 당신은 나를 충분히 사랑하지 않기 때문인 것이다. 비록 작정하고 억지 부리는 것은 사실 애교의 다른 버전으로 기본적으로 사소한 잘못은 훈훈한 화해로 바꿀 수 있다.

여기까지 보니 흥분되지 않나? 잘못을 저지른 후 시험해보고 싶겠지? 어서 가라!

Chapter 4

사랑의 언어:
친해지고 싶은 사람과
한 걸음 더 가까워지기

사랑의 언어를 말하는 데 있어서 가장 큰 적은 당신 자신이다. 당신 자신을 설득해서, 토할 것 같고, 정말 오글거리는 말들도 일단 하고 나면, 여러 방면의 이치를 깨닫고, 융통성 있게 사용할 것이다. 다른 것을 말하지 말고, 사랑의 언어를 연마하면, 연애할 때 대화의 기술을 기본적으로 반은 배운 것이다.

이런 사랑의 언어는
독약이다

이 세대 사람들은 사실 가엽다. 어릴 때 봤던 애정 소설 안의 등장인물은 모두 말도 잘 못하고, 우리의 연애를 참 어색하게 만들어 버리기만 했지, 남자 친구에게 어떤 사랑의 언어로 말해야 할지에 대해서는 전혀 도움이 되지 않는다. 그래서 우리 세대는 어떤 사랑의 언어로 애인에게 말해야 할지를 잘 모른다. 요즘 내가 남자 친구에게 "허니, 정말 사랑해." 이렇게 입을 열면, 내 남자 친구는 매우 놀라며 "또 뭐 사고 싶어?"라고 말한다. 맙소사, 정말 마음을 잘 보여줄 수 없는 것일까?

한 번은 프로그램을 진행하는데, 83년 판《홍루몽(紅樓夢)》에서 청문(晴雯) 역을 했던 연기자를 만났다. 모두가 알다시피 그녀의 남편인 쑤웨(蘇越)가 피치 못할 사정 때문에 감옥에 갔다. 그 후 그녀는 영화계를 떠난 지 몇 십 년 만에 나와서 돈을 벌어 남편의 빚을 갚고 있었다. 어쨌든 인터뷰하는 내내 매우 감동적이었고, 녹화장에 있는 사람들 모두 흐느끼며 울었다. 녹화가 끝난 후, 남자 친구가 나를 데리러 왔는데, 나는 그의 손을 잡고 진심으로 말했다. "만약 자기가 교도소에 가면, 내가 매일 당신한테 사식을 넣어줄게." 나의 이 말에서 남자 친구를 향한 진심으로 사랑하는 마음이 느껴지지 않았을까? 내 남자 친구의 반응이 어땠을 것 같나? 그는 불쾌한 기색으로 얼굴을 잔뜩 찌푸리며 "아예 교도소 가라고 저주를 하지 그러냐?"라고 했다.

이것이 바로 남자이다. 그들의 사고는 오로지 한 길이어서, 한 마디 말을 하면, 그들은 글자 그대로의 뜻으로만 이해할 수 있고, 우리의 깊고 돈독한 정을 전혀 이해하지 못한다. 후에, 나는 죽음, 이별, 실패, 가난, 재수 없음 등의 모든 단어를 사랑의 언어로 사용하면, 남자들은 전혀 알아듣지 못한다는 것을 알게 되었다.

예문:

• 여자: 자기가 죽으면, 나는 재혼하지 않을 거야.
  남자: 차라리 나더러 죽으라고 해라!

• 여자: 당신이 파산해도, 나는 당신을 떠나지 않을 거예요.

남자: 어디 아파? 내가 파산하면, 당신한테 좋은 점이 뭐 있는데?

• 여자: 당신이 가난해도 난 괜찮아.

남자: 나더러 가난하다고?! 새해 선물은 못 사준다!

• 여자: 배가 가라앉으면, 나는 당신이랑 같이 빠져 죽을 거야.

남자: 난 죽고 싶지 않아, 죽으려면 너나 죽어!

믿기지 않으면 여러분들도 한 번 해봐라. 남자 친구들에게 이런 말을 하면, "내가 좀 나아질 때까지 기다려줄 수는 없어?"라고 대답할 것이 뻔하다. 남자가 어떻게 우리의 넓디넓은 정신세계를 이해할 수 있겠는가? 그들은 일단 이런 단어를 들으면, 첫 번째 반응이 '불길해!', '안 들을 거야!', '그럴 리가 없어!'이고, 결코 깊이 있는 분석을 하지 않는다.

여성은 애정 소설을 읽을 때, 대부분 이런 종류의 비극적인 스토리를 좋아하고, 후에 자신이 조금도 흔들림이 없는 한 남자만 바라보는 여자 주인공으로 빙의한다. 정말로, 마음대로 환상을 꿈꾸는 것은 자유이지만 환상은 어디까지나 환상일 뿐, 대부분의 남자는 한국 드라마에 나오는 그런 오빠들처럼 대해주지 않을 것이다. 생각해봐라. 당신이 "내가 좀 나아질 때까지 기다릴 수 없어?"라는 말을 들었을 때, 당신은 화가 나서 이렇게 말해주고 싶지 않나? "나는 좋은 뜻으로 한 말인데, 당신은 맞춰주지도 않으면서 나한테 짜증을 내? 꺼져버려!"라고 말이다. 이렇게 하면 악순환으로 빠지기가 쉽다.

좋다. 그러면 무엇이 좋은 사랑의 언어일까? 어떠한 사랑의 언어를 남자들이 듣기 좋아할까? 다음 페이지를 펼쳐 보자.

'사랑해'의 고급 표현

한 번은 친구가 내게 물었다. "네 생각에 나 생긴 게 어때?" 그를 보니, 별로 특징이 없어서, 예의 상 "괜찮은 편이지."라고 말했다. 그는 나에게 사악하게 웃으며 "네 눈에 장동건이 괜찮은 정도인 줄은 생각도 못했네."라고 하는 것이다. 그 말을 듣자마자 난 하마터면 토할 뻔했다. 남자들은 자신의 외모에 대해 이 정도로 인식을 못하나? 그렇다. 어떤 남자도 스스로를 잘생기지 않았다고 생각하는 사람은 없기 때문에, 사랑의 언어 중에 남자들이 가장 좋아하는 말은 외모에 대한 칭찬이다.

"정말 잘생겼어요."

"당신 정말 멋있어요."

"정말 분위기(품격) 있어요."

만약 그가 정말로 생긴 게 별로라면, 이런 말 하면서 당신 스스로를 설득시킬 수 없으니, 이러한 칭찬에 개인적인 의견을 약간 덧붙이는 것도 무방하다.

"당신은 주원이랑 정말 닮았는데, 만약에 그 사람이랑 똑같은 머리 스타일을 한다면, 아마 난 못 알아볼 거예요."

"당신이 잘 꾸미고, 복근 좀 키우면, 리틀 에릭이라니까요."

두 번째 종류의 사랑의 언어는 '당신과 헤어지면 죽을 거예요.' 같은 말들이다.

이전에도 말했듯이, 남자들에게 가장 필요한 것은 인정받는 것과 자신이 필요한 존재라는 생각이다. 연인들이 이별할 때를 보면, 남자들이 말하는 이유는 "그 애한테는 내가 필요해. 내가 떠나면 그 애는 죽을 거야. 너는 이렇게 대단하니, 내가 떠나도 괜찮을 거야." 컷! 누가 믿을까? 한 번 그녀를 떠나 봐라. 그녀가 죽으려고 하면, 나도 그녀와 같이 묻히겠다. 그러나 남자가 당신에게 이렇게 하라고 못하는 것은, 다른 한 사람이 그의 보호를 더욱 필요로 한다고 정말로 믿기 때문이다. 그러면 왜 당신은 이런 여자가 되지 못했을까?

"맙소사, 당신이 아니었다면, 나는 절대로 길을 못 찾았을 거예요. 당신 어쩜 이렇게 멋진가요!"

"하나님 감사합니다. 당신 없었으면, 이 컴퓨터는 끝났을 텐데."

"Baby, 넌 정말로 내가 20년 사는 동안 가장 좋은 선물이야. 네가 없었으면, 난 어떻게 됐을까? 아마도 집에 앉아서 멍이나 때리고 있었을 거야."

세 번째 종류는 '당신은 나를 가장 잘 이해하고, 나도 당신을 가장 잘 이해해.'이다.

당신도 알다시피, 연인 관계에서 다음 두 가지 경우 헤어지는 것이 가장 쉽지 않다.

1. 그의 생활, 입맛을 모두 당신에게 의지하고, 당신은 마치 제2의 엄마처럼 사소한 것까지 그를 잘 보살피는 경우.

2. 마음이 서로 통해야 하고, 적어도 남자가 느끼기에 두 사람이 서로 통한다고 생각하는 경우. 그래서 그가 관심 있는 일에 관심을 갖고, 그가 좋아하는 일을 치켜세워주며, 그의 각 방면에 대한 관점에 동의하고, 심지어는 더 고차원적이지만 일치된 의견을 말할 수 있어야 한다.

더 고차원적인 방법은 반대되는 의견을 가지고 그럴듯하게 논리를 펴지만, 나중에는 그에게 설득 당하는 것이다. 이 방법은 정말 유용하다. 남자는 당신을 설득하는 것이 다른 것에서 당신을 정복하는 것보다 더욱 성취감을 느낄 것이고, 그는 정신적으로 당신을 한 번 정복했다고 생각할 것이다.

네 번째 종류는 당신의 연애 이야기를 익명의 방식으로 블로그에 써 놓는다. 그러나 이 이야기는 절대로 당신과 그 두 사람만 알아야 한다. 그는 보자마자 마음속으로 웃을 것이다. 남자들은 이것처럼 '나랑 너만 아는 것'이 가져오는 신비한 노닥거리는 방법을 얼마나 좋아하는지 모른다.

예전에 전 남친과 사귀었을 때, 나는 많은 사랑의 언어를 썼다. 나중에 우리는 헤어졌다. 새로운 남자 친구를 사귄 후, 정말로 즐거운 시간을 보내느라, 그것들을 글로 쓸 시간적 여유가 없었다. 하루는 새로운 남자 친구가 내 블로그를 뒤져 보고는 잠시 질투를 했다. "왜 그 사람한테만 이렇게 해주고, 나한테는 안 하는 건데!" 당시 나는 기지를 발휘하여, 사랑의 언어 중에서 최고급 무기를 동원했다. "달링, 난 당신에게 어떠한 사랑의 언어도 쓸 수가 없어요. 왜냐하면 당신이 사랑의 언어 그 자체인걸요. 그런 언어들이 뭐라고 쓰였든지 우리 사이의 만분의 일도 표현할 수 없어요." 과장하지 않고 말하니, 남자가 듣고 당시에 감동해서 눈물을 쏟았다.

따라서 사랑의 언어를 말하는 데 있어서 가장 큰 적은 당신 자신이다. 당신 자신을 설득해서, 토할 것 같고, 정말 오글거리는 말들도 일단 하고 나면, 여러 방면의 이치를 깨닫고, 융통성 있게 사용할 것이다. 다른 것을 말하지 말고, 사랑의 언어를 연마하면, 연애할 때 대화의 기술을 기본적으로 반은 배운 것이다.

구체적인 칭찬 멘트
: 초급판

내 친구 한 명은 외모도 훌륭한데다 사회적으로도 성공한 남자와 사귀고 있다. 그녀가 내 책을 넘기다가 남자를 칭찬하는 말인 '자기 잘 생겼어', '자기는 정말 똑똑해', '자기는 정말 대단해'라는 말을 보았다. 그녀는 이 세 마디 말로 남자 친구를 칭찬했는데, 돌아온 대답은 "응, 나도 알아."였다. 그리곤 정말 난감했단다. 친구는 내게 와서 "네 책은 모두 거짓말이야."라며 원망하였다. 사실 '당신 정말 잘 생겼어', '당신 정말 똑똑해', '당신 정말 대단해' 이 세 문장은 요점일 뿐이다. 대화에서 사용하려면, 반드시 세분화시켜야 한다. 마치 라면 수프가 양념이 농축되어 있어서 직접 입에 털어 넣으면 안 되는 것처럼 말이다.

남자를 칭찬할 때는 한 번에 한 가지씩만 해야 한다. 내가 말했던 것 기억하고 있을까? 남성의 뇌 용량은 매우 작은 하드 디스크 같아서, 한 마디를 덧붙이면, 앞에서 했던 말은 지워지기 때문에 한 번에 한 가지씩만 이야기해줘야 한다.

표현 방식: 처음에는 상대를 낮게 평가하는 말을 한 뒤, 나중에 훌륭한 점을 훨씬 더 강조해서 칭찬해준다.

표현 장소: 가장 좋은 곳은 마음을 이야기할 수 있는 곳. 예를 들어, 술집, 집안, 커피숍, 노래방 같은 두 사람이 옆에 같이 앉을 수 있지만, 두 사람만 있지 않은 장소이다. 가장 좋은 것은 술을 조금 마시고, 취기가 약간 오를 때이다. 절대로 많이 마셔서는 안 된다. 술을 조금만 마시는 것은 당신이 진심으로 말하는 것 같고, 진심을 내보이려고 하는 것같이 느낀다.

칭찬의 구체적인 대사:
예) 회사에 입사한 지 얼마 안 됐을 때/ 알게 된 지 얼마 안 됐을 때
"당신이 아주 무신경한 사람인 줄 알았는데 같이 있다 보니 제가 오해했던 것 같더라고요. 제 기억에 한 번은 ……(한 가지 에피소드를 이야기한다. 그 에피소드가 진짜든 가짜든 상관없지만, 배경은 반드시 진실이어야 하는데, 예를 들어 회사에서 여행을 갔을 때, 지난 번 팀 빌딩, 언

젠가 내가 PPT를 못 냈을 때), 제가 무척 놀랐는데, 생각지 못하게 당신이 이러이러해서, 특별히 인상 깊었어요."

"평상시에는 대충대충인 것 같았는데, 사실 교양/수양/책임감/통찰력 등이 있으시더라고요."

이러한 칭찬 방법은:

첫째, 진실하다. 남자에게 자신이 정말로 반짝반짝 빛난다고 믿게 할 수 있다.

둘째, 당신이란 사람이 과장되지 않고 진실하며, 고맙게 여기며, 이러한 작은 일도 마음에 기억하고 있는 것처럼 보인다.

셋째, 상대방에게 '이런 작은 일도 기억하다니, 당신 나한테 관심 있구나. 나한테 마음 있는 거 아닌가? 이 여자 훌륭해 보이는데, 한번 사귀어 볼까.' 라는 생각이 들게 한다.

이 방법에서 조심해야 할 것은:

'경솔함'이다. 이 말을 치환할 수 있는 단어로는 '망할 자식', '고집', '바람기 있다', '흉악하다', '같이 하기가 어렵다' 등이 있는데, 즉 매우 주관적이며, 인신공격을 유도하지 않는 중성사이다. '촌스러운', '가난한', '못생긴', '바보 같은', '융통성이 없는'과 같은 말은 적절하게 쓰인 것이 아니다. 또한 제발 직업 또는 업무와 관련짓지 말아야 한다. 예를 들어 당신이 가수에게 "저는 당신이 음정이 정확하지 않다고 생각했는데, 나중에 생각하니 당신은 가사를 정말 잘 쓰시더라고요."라고 말했다고 하자. 이런 말은 칭찬의 효과도 내지 못하고, 말다툼만 일으킬 수 있다. 전문적인 것을 전면적으로 부정한다면 아무리 애를 써도 관계를 복구할 방법이 없다. 내 경우에는 역시 결점과 관련된 단어보다는 성격을 나타내는 단어를 주로 사용할 것 같다.

또 한 가지, 앞에서 이야기한 것을 번복해서 말할 경우에는 반드시 앞에서 언급한 결점을 다 덮을 수 있어야 한다. 이렇게 말해서는 안 된다. "저는 원래 당신이 교양이 아주 없는 사람이라고 생각했었는데, 나중에 보니 사실 성격이 무척 강직하시더라고요." 이런 말은 다른 사람을 전혀 기쁘게 할 수도 없으니, 절대~절대 기억해야 한다. 남자를 칭찬하는 말은 반드시 굵직굵직하고, 듣기 좋은 말을 많이 하며, 강조해서 말해야 한다. 내가 말한 대로 하면, 분명히 생각지 못한 결과를 얻을 것이다.

구체적인 칭찬 멘트
: 고급판

앞에서 우리는 기술적이고 전략적으로 남자를 칭찬하는 것에 대해 이야기했다. 이번에는 고급판으로 앞의 내용을 완전히 습득하지 못한 사람은 잠시 멈추고, 앞부분을 다시 읽는 게 좋겠다. 밥도 한 입 한 입 먹어야 하듯이 기술도 한 걸음 한 걸음 배워야 하기 때문이다.

여기서 우리가 말하고자 하는 방법은 상대적으로 익숙한 남자에 대한 것이다. 예를 들어, 매일 함께 있는 동료, 이미 사귀고 있는 남자 친구, 썸타고 있는 남신 등.

칭찬 방식: 처음에는 상대를 낮게 평가하는 말을 한 뒤, 나중에 훌륭한 점을 훨씬 더 강조해서 칭찬해준다.

칭찬 장소: 어떤 곳이나. 메신저 대화도 포함.

칭찬의 구체적인 방식: 먼저 상대방의 업무나 대인 관계의 방식 등 전문적인 칭찬을 한다. 따라서 당신에게 전문적인 지식이 요구된다.

구체적인 예(연예계에 있다 보니 비교적 많이 만나는 사람은 남자 배우들이다.):

나: 이번에 나온 작품 봤어요.

남: 오호, 그래요? 어땠어요?

나: 미안하지만, 저는 정말 별로였어요.(여러분은 물을 것이다. 바로 앞에서 전문적인 것을 좋지 않다고 말하면 안 된다고 말하지 않았나요? 밑줄 치며, 아래를 봐라.)

남: 왜요? 어디가 안 좋던가요?

나: 당신 연기가 다른 배우들과 어울리지 않더라고요. 본인이 연기를 잘하니까 다른 배우들과는 차별을 두려는 듯 일부러 달라 보이게 연기한 것 같아서, 영화 전체가 좀 어색한 것 같았어요.(여러분, 이해가 됐나? 이건 사실 "회장님, 당신의 최대 결점은 자기의 몸을 아끼지 않는 것입니다."라는 칭찬법이다. 전문적인 것에 관련되었다고 해도 전적으로 이용할 수 있다. 그러나 여기까지 말해놓고 보니 아첨하는 것 같긴 하다. 계속해서 아래를 보아라.)

남: 지금 날 칭찬하는 거죠?

나: (여기서는 약간 좀 엄숙해져야 한다) 아니요! 전혀요! 연기는 단체 행위 예술인데, 혹시 '무대 폭풍'이라는 말 들어본 적 있어요? 한 사람이 일부러 튀어서 영화 전체가 정말 조화롭지 않게 보였단 말이에요. 무대 폭풍은 무대 재난이라고도 하던데, 알고 계신지? 내 생각엔 연기할 때 감정을 좀 자제해서 다른 배우들과 보조를 맞추려고 노력해야 될 것 같네요. 그렇지 않으면 다른 배우들에게 정말 불공평하고 그들을 괴롭히는 거예요.(여기에 사실 비평이 있지만, 이러한 비평은 아프지도 간지럽지도 않고, 특히 배우는 자기의 연기가 좋다는 말만 듣고 싶지, 다른 말은 귀에 들어오지도 않을 것이다. 게다가 이제는 아첨하는 것 같지 않고 진지하게 비평하는 것 같지 않나? 하지만 어떠한 남성도 이러한 비평을 들으면 틀림없이 즐거울 것이다.)

남: 저도 자제하려고 최대한 노력했지만, 참을 수가 없었어요. 하지만 이 역할에는 확실히 소원한 느낌이 필요했다고요.

나: 저도 보였어요. xx분 정도에 나오는 그 장면에서 아주 짙은 다니엘 데이 루이스의 모습이 있었어요.(모두들 주의해야 한다. 두 번째 단계 칭찬의 클라이맥스가 왔다. 다니엘 데이 루이스는 누구인가? 전 세계에서 연기를 가장 잘하는 남자 배우 중 하나이다. 그를 닮았다고 말하면, 그 배우는 기뻐서 활짝 필 것이다.)

정리: 이러한 칭찬 방식은 당신과 그의 전공이 같을 때 정말 요긴하며, 적어도 잘 이해할 수 있다. 따라 오는 장점은 어마어마하다. 첫째, 당신은 그의 작품을 자세하고 깊이 따져보았고, 그를 마음에 두었다. 둘째, 당신은 품위가 있었고, 질문은 단도직입적이었다(사실 그렇지 않았다). 셋째, 당신과 그의 마음이 서로 통했다. 넷째, 당신은 광팬이 아니고 자기만의 견해를 가진 가장 친한 여자 친구이다.

이러한 내용이 비교적 어렵다는 것을 안다. 따라서 여러분 모두 다섯 번 이상 읽어야 한다. 파이팅!

구체적인 칭찬 멘트
: 프리미엄판

이번에는 남자를 칭찬하는 최고 단계의 대사는 무엇이 있는지를 보려고 한다. 만약 벌써 보았다면, 앞의 초급판과 고급판으로 다시 돌아가 반복해서 읽어라. 이 프리미엄판은 내공이 더욱 높은 경지에까지 오른 사람이 읽기에 적합하다. 당신 마음속에 '왜 굳이 이렇게 남자들을 칭찬해줘야 하나? 나는 유치원 선생님이 될 생각도 없고, 이런 남자들에게 시간을 낭비하고 싶지 않은데'라는 생각을 품고 있다면, 잠시 책을 내려놓고 서두르지 말고, 먼저 마음 상태를 바로잡는 것이 좋다고 생각한다.

왜 당신은 한 시간 동안 블로그를 업데이트하는 것은 아깝다고 생각하지 않고, 남자에게 쓰는 시간은 낭비라고 생각하나?

먼저 나는 '암탉이 알을 낳는 것은 당연히 해야 할 일이지, 결코 칭찬해야 할 필요가 없다'라는 관점에도 배울 만한 점이 있다는 것을 어쩔 수 없이 인정한다. 그러나 만약 당신이 암탉을 칭찬한다면, 암탉이 기쁘게 알을 낳을 수 있지 않을까? 그래서, 남자에게 아주 작은 발전이라도 있으려면, 칭찬이 필요하다. 아이가 길을 걷는 것을 배울 때, 당신은 왜 대단하다고 칭찬하는가? 길을 걸을 줄 알아야 하는 것은 당연한 것 아닌가? 남자 친구가 당신이 '월중행사'일 때는 따뜻한 물 많이 마시란 말은 안 해도, 적어도 따뜻한 차를 가져다주는 것을 알게 되었을 때, 당연히 칭찬해주어야 한다. 남자를 격려해주면 더욱 크게 발전하지 않을까? 남자에게 독하게 칭찬하지 않으면, 그가 어떻게 여자를 달래어 즐겁게 해주는 고난이도의 학문을 배울 수 있을까? 그래서 반드시 기억해야 하는 것은 아주 미약한 발전의 조짐만 보여도 모두 칭찬해줘야 한다는 것이다. 매일 꽃 한 송이를 주는 것도, 남자는 숨 막히게 목숨 걸고 노력하는 것이다.

두 번째로 말하고자 하는 칭찬은 결코 당신의 격려가 아니다. '미인을 얻기 위해 강산을 포기'하는 영웅의 이야기가 어떻게 전해져 내려올 수 있었을까? 사실 이 일은 아주 드물게 일어나는 일이다. 다시 말해서, 대다수의 남자들은 강산을 사랑한다. 왜 남자들은 강산을 사랑할까? 왜냐하면 남자들은 많은 사람들의 인정을 받고 싶어 하지, 한 여인만 자신을 인정해 주는 것을 간절히 원하지는 않는다. 왜 남자들은 사업을 좋아하고, 이익을 좋아하고, 명예를 사랑할까? 왜냐하면 사회적으로 사람들에게 인정을 받는 것이 남자들이 가장 좋아하는 것이기 때문이다. 따라서 두 번째 칭찬의 기술은 '사회로부터 온 칭찬'이다. 이 때 당신은 "내 생각에 당신 많이 발전했어요.", "자기 정말 대단해요."라고 말하는 것보다는 다른 사람의 의견을 전달하는 말을 많이 사용하면 된다.

"자기 동료가 자기는 영업에 정말 소질이 있는 것 같대요."

"당신 친구가 나한테 이야기해줬는데, 농구라면, 누구도 당신의 적수가 될 수 없다면서요?"

"다들 자기랑 포커 안 하고 싶대요. 너무 자기만 이기니, 반칙이라고!"

만약 초급편, 고급편에서 나온 방법을 잘 숙지했다면, 그것들도 적용해서 덧붙이면 더욱 효과가 좋을 것이다. 예를 들어 한 가지 사소한 사건을 전달하며 칭찬하는 것이다. 예를 들어, "당신 원래 그렇게 대단했는데, 나한테 왜 말 안했어요? 자기 회사 샤오왕이 말해줘서 알았잖아요. 자기가 처음 들어왔을 때는 애송이라 아무것도 못할 것이라고 생각했는데, 첫 번째 바이어를 만날 때, 바이어의 마음에 들어서 그렇게 큰 계약을 따냈다면서요? 회사 사람들이 당신 다시 봤대요." 거기에다 내가 알려 준 손동작을 더해서, 가볍게 그의 어깨를 두드리며 "원래 잠자는 용이었네요. 앞으로 잘 부탁해요."라고 하는 것이다.

남자와 사귀는 것은 하나의 종합적인 과정이다. 지금까지 말한 모든 항목은 모두 부분 동작이니, 하나를 들으면 열을 아는 여러분이 잘 활용하기를 바란다.

남자의 속마음을
털어놓게 하는 3대 질문

이번에 이야기할 내용은 고급 과정임을 말하지 않을 수 없다. 다시 말해서, 모든 여성이 배울 필요는 없을 것 같다. 왜냐하면 잘하려다 오히려 일을 망칠 수도 있기 때문이다. 아래의 내용을 보기 전에 당신이 정말로 이전의 내용들을 모두 확실히 숙지했고, 실제로 다섯 번 이상 시도해봤는지 모르겠다. 만약 준비가 다 되었다면, 아래를 보자.

우리는 앞에서 어떻게 남자를 칭찬하고, 어떻게 남자를 격려할까에 대해 이야기하였다. 이러한 것들은 초기에 당신이 빠르게 남성의 호감을 얻게 하는 것이지만, 호감만 있는 상태에서 상대방이 당신을 자신의 속마음도 털어놓을 수 있는 사람이라고 생각하게 되려면 어떻게 해야 할까? 이번 단계에서 알려주고자 하는 것은 '남자의 약점

찾기'이다.

먼저 남자이든 여자이든 사람이라면 누구나 약점을 가지고 있다. 남자가 일단 약점을 당신 앞에서 인정하거나 드러내게 된다면, 거의 자신의 마음속 깊은 곳까지 파헤쳐서 당신에게 보여줄 것이다.

그렇다면 우리는 남자의 어떤 약점을 찾아야 할까? 몇 가지 힌트를 주겠다.

하나는 가족관계에 관한 것이다. 예를 들어 자연스럽게 성장 과정 이야기를 하면서, 부모님과 있었던 비교적 간단하고 재미있는 일을 이야기한다. 아니면 그의 말투와 안색을 살펴서 말로 슬쩍 떠본다. "아버지보다는 어머니와 더 사이가 좋아 보여요. 이유가 있을까요?" 이 말은 매우 중요하다. 그는 아마도 당신에게 아주 큰 비밀을 말할 수도 있는데, 예를 들어, 부모님 중 한 분만 계신다거나, 아버지가 배를 타고 외지로 나가셨다거나, 가정 폭력에 시달렸다거나 등등. 만약 이런 문제라면, 당신은 답을 얻은 것이니, 축하한다. 더 깊게 파내려 가지 않아도, 가족 관계라는 이 덩어리는 당신이 몇 년을 먹어도 충분한 이야깃거리가 된다. 만약 그가 자기의 비밀을 말했다면, 더욱 훌륭하다. 그를 잘 유도해서 원망이든 추억이든 분노든 모든 것을 계속 말하도록 격려하면서 그의 마음에 전적으로 공감해주어야 한다. 만약 당신도 같은 일을 겪었다면, 그것을 이야기함으로

써 그의 감정이입을 이끌어낼 수 있기 때문에, 그는 바로 당신과 더욱 친밀해졌다고 생각할 것이다. 이 때, 약간의 몸동작을 사용하는데 그의 팔을 가볍게 쓰다듬거나 그의 머리카락을 매만지면서 안아주는 것이다. 이 방법이 안 통한다면 내가 이 책을 먹어버릴 것이니, 믿어도 된다.

만약 그의 가정이 행복하고, 화목하다면 성격적인 면을 공략한다. 이 때, 여러분은 이런 질문을 해야 한다. "살면서 가장 안타까웠거나 후회가 된 일 있나요?" 그런 뒤 자신의 예를 먼저 이야기한다. "그 때 이직했으면 좋았을 텐데.", "졸업할 때 의학대학원에 지원했으면 좋았을 텐데.", "저는 말이죠, 너무 망설임이 많고, 너무 우유부단해요." 등. 이런 말을 함으로써 남자도 자기의 성격 중에서 불만인 부분을 이야기하게 해야 한다. 이야기를 나누고 난 후에는, 위에서 말한 것과 같이, 그의 마음속 깊은 곳의 아픔을 이해할 수 있을 것이다.

가령 또, 이 남자의 가정이 행복하고, 성격도 밝다면, 약점이 전혀 없을까? 그럴 리는 없다. 감정적인 것도 있지 않은가! 세 번째 질문, "당신은 살면서 어떤 여자에게 가장 미안하다고 생각해요? 첫사랑인가요? 남자들이 가장 못 잊는 것이 첫사랑이라던데." 바로 첫사랑을 언급하는 질문을 하는 것이다. 이렇게 하면 그의 말문을 열 수 있을 것이다. 첫사랑이든 아니든 적어도 당신은 이 남자의 감정관을 알 수 있고, 심지어 그의 애정사가 어떻게 시작되었고 어떻게 끝났는지, 당신에게 적합한지 아닌지를 알 수 있다. 이야기하다 보면 마지막에는 분명히 감정이 심하게 상해서, 똑같이 몸동작으로 호응해야 한다.

이상의 3대 질문은 기본적으로 모든 남자들의 약점을 포함하고 있다. 그 중 한 가지만 맞춰도 충분하다. 그들은 일단 마음을 열었고, 이미 당신이 닫고 싶어도 닫을 수 없다. 남자의 마음속에서 자신의 마음을 털어놓은 여자는 이미 특별한 자리를 차지한 것이다.

도움말: 여기에서는 고급 과정을 이야기했기 때문에, 여러분이 얼마나 파악했을지 걱정이 된다. 서로 말이 통하지 않는다면, 남자는 당신이 남의 사생활이나 캐려고 한다고 생각할 것이고, 서로 너무 의기투합해서 이야기를 했다면, 남자는 당신을 그저 예쁜 여자로만 여겨서, 당신을 사랑할지를 정식으로 고려하지 않을 것이다. 모두들 반드시 조심해야 한다.

남자가 약해졌을 때를
공략하라

친구 중에 바람기 많은 친구가 한 명 있는데, 스스로 평생 결혼하지 않을 거라고 장담하고 다녔다. 왜냐하면 자신이 결혼하면 천하의 모든 여자들이 상심할 거라나. 그런데 최근에, 이 친구가 내게 청첩장을 보내왔다. 너무나 궁금해서, 도대체 어떤 비결이 있어서 저 야생마 같은 놈을 길들였느냐고 그의 아내에게 물었다. 그의 아내는 살짝 웃으며 말했다. "그이가 최근에 치질 수술을 했어요. 죽네 사네 했는데, 처음부터 끝까지 병수발을 제가 했거든요. 낫고 나더니 청혼하더라고요."

이 이야기가 우리에게 알려주는 것은 첫째, 남자의 말은 믿지 마라. 그가 너를 평생 사랑할 거라든지 평생 미워할 거라든지 간에 그가 말한 것을 신경 쓰지 마라. 둘째, 90년대 소설에 자주 나오는 남녀 관계의 진리, 즉 아픈 남자는 가장 '속이기' 쉽다는 것이다.

남자들은 일단 병이 나면, 특히 요란 법석하기가 쉬운데, 작은 통증에도 끙끙거리며, 온 천하가 다 알도록 소문을 낸다. "이 몸은 지금 고통을 당하고 있고, 이 몸은 곧 죽을 것이며, 이 몸이 죽으면 온 천하의 손실이다."라면서. 어쨌든 어떻게~어떻게 해서 정말로 조물주의 배려를 이해할 수 있을 것 같다. 남자들에게 한 달에 한 번 생리통을 주셨다면, 아마도 천하의 남자들은 모두 살 수 없었을 것이다.

다시 본론으로 돌아와서 남자들은 통증을 겪는 일이 드물고, 이미 집을 떠났기 때문에 아프면 엄마한테 응석부릴 수도 없어서 유난히 겁이 많아진다. 그 친구의 아내는 "수술하는 그 며칠 동안, 이 사람이 완전히 멘붕이 되어서, 심지어는 유서까지 쓸 기세였어요."라고 말했다. 그녀는 그의 손을 꼭 잡고 그를 위로하며 "안심해요. 제가 있잖아요."라고 하자, 그 친구가 정말로 현금 카드 비밀 번호를 말해주더란다.

노트를 꺼내 적자. 남자가 아플 때, 우리는 무엇을 해야 할까?

1. 모든 선입견을 버리고, 그를 임산부로 생각하고, 아무리 무리한 요구를 하더라도 다 들어준다.

2. 그를 신생아로 생각하고, 모든 면에 관심과 보살핌을 주면서, 끊

임없이 암시하고, 끊임없이 반복해서 말하라. "당신은 혼자가 아니에요. 당신한테는 내가 있잖아요. 내가 계속 당신과 함께 있을 게요." 이렇게 하면, 남자는 쉽게 당신에게 특별히 의지하게 된다.

3. 어려움 속에서 진정한 사랑을 보는 것이다. 우리 이 시대에는 이미 전쟁도 없고, 도망갈 일도 없고, 살 곳 없이 떠돌아다닐 일도 없으며, 타이타닉호도 없고, 천재지변도 없다. 있다고 하더라도, 마주할 기회가 거의 없다. 남자가 아플 때가 바로 하늘이 준 기회이다. 반드시 이 힘든 시기를 기회로 잡아, 할 수 있는 만큼 표현해야 한다.

4. 매우 상냥하고, 매우 침착하게 그에게 말한다. "당신은 반드시 버텨낼 수 있을 거예요." 아울러 아이패드, 게임기 등 장난감을 가져가서 그를 달래준다.

5. 늘 화장을 초췌하게 하고, 그의 침대 머리에 엎드려서 깨어나거나, 밖에서 삼계탕을 사와서는 그에게는 그를 위해 몇 시간을 끓였다고 말한다.(남자들은 뭐든 다 믿으니, 들킬까 걱정하지 마라.)

6. 그의 친한 친구가 병문안을 왔을 때, 여주인의 자태를 보여주어라. 만약 당신이 이상의 것들을 해냈다면, 축하한다. 그가 청혼은 안 했다 하더라도, 적어도 '당신을 아내 삼기로 하는 것'을 계획에 올려놓았을 것이다.

여러분들의 남자 친구가 아파야 한다고 하는 것은 절대 아니다. 아프지 않으면 어떻게 할까? 몸이 아픈 것과 마찬가지로 사업이 뜻대로 되지 않고, 경제적 위기가 오거나, 창업 전의 남자들은 모두 '아프다'. 당신은 남자가 얼마나 당신을 사랑하는지와는 별개로 자신의 사업을 가장 우선순위에 두고 있다는 것을 알고 있다. 왜냐하면 남자에게 있어서 '사회의 인정을 받는 것'이야말로 그들의 최대 생존 가치이기 때문이다. 이 목표가 실현되기 전에는 그들에게는 '위로상'이 필요한데, 그것이 바로 '사랑' 또는 '가정'이다. 따라서 당신은 자신이 안목이 있는 사람이라고 생각하고, 이러한 남자를 꼭 잡고 포기하지 마라. 아울러 그와 함께 난관을 건너면, 당신은 아마도 언젠가는 재벌 부인이 될 수도 있다.

불평쟁이 남친
어떻게 대할까

우리 아버지는 뉴스 시청을 매우 좋아하시는 분이라, 몇 십만 원의 돈을 들여서 집 옥상에 '접시'를 설치하셨는데, 각종 뉴스 방송을 보기 위해서이다. 격동적인 뉴스를 보시면, 집 안을 뱅글뱅글 돌면서 걸으면서 분노하며 강산을 지적하고, 국제 정세를 평론하신다. 엄마는 "이런 걸 두고 쓸모없는 사람일수록 국가 대사에 더 관심이 있다고 하는 거야."라고 말씀하신다. 내가 왜 이 이야기를 꺼냈을까? 모든 남자는, (한 명도 빠짐없이) 모두, 우리 아버지처럼, 모두 자기가 어느 누구보다 대단하며, 자기가 지도자가 되면 반드시 지금보다 더 잘 관리할 것이며, 자기가 중국 팀을 이끌었으면 진작 월드컵 우승컵을 가져왔을 것이라고 생각한다는 것을 알려주기 위해서이다. 내가 이런 이야기를 하는 것은, 여러분들에게 남자를 욕하라고 하는 것이 아니라, 이러한 속성이 남자들의 피에 솟구쳐 흘러서, 자신이 언젠가는 큰일을 할 것이라고 생각한다는 것을 알려주고 싶어서이다. 이것은 변할 수 없는 것이다.('변할 수 없다'는 것을 빨간 형광펜으로 몇 번이고 동그라미 쳐야 한다.) 이런 이유 때문에 당신은 남자가 불평하는 것을 진짜 좋아한다는 것을 알게 될 것이다.

그가 불평할 때, 절대로 그와 이치를 따져서는 안 된다. 왜냐하면 불평은 하고 있지만, 이치에 대해서는 그가 당신보다 더 잘 알고 있기 때문이다. 이치를 들어야 한다면 당신을 왜 찾아왔겠는가, 검색 엔진들을 찾았겠지. 또한 절대로 그를 비난해서는 안 된다. "당신 자신의 문제는 아닌가요?" 쓸데없는 말이다. 당연히 그 자신의 문제지, 설마 그 사람이 리더가 못된 것이 사회의 잘못이거나 옆집 개가 아무데나 대소변을 봐서 생긴 일일까? 그가 자신의 문제를 반성하고 싶다면 왜 당신을 찾아왔겠나? 엄마를 찾아가고, 형들을 찾아가지 않았을까?

이럴 때, 당신이 해야 할 일은 두 가지다. 첫째, 경청한다. 둘째, 영원히 그의 편이 된다.

그가 사장을 원망하면, 당신은

"사장이 뭘 알겠어요. 사장들은 모두 가마니잖아요. 사장이 기술을 당신만큼 알겠어요? 안하무인으로 지시만 할 줄 알지. 상관하지 말아요. 당신이 최고예요. 달링."

그가 동료를 원망할 때, 당신은 이렇게 말해야 한다.

"그 사람이 자기 질투하나보다. 안 그러면 그 사람이 사장 하지 않았겠어요? 당신이 잘생기고 사장님도 자기를 좋아하시고, 재능도 많아서 질투하나 봐요. 제발 걱정 말고, 그 사람이 만들어 놓은 덫에 걸리지 말아요."

그가 운명을 원망하면, 이렇게 말하면 된다.

"하늘이 큰일에 쓰시려고 하는 거예요. 대기만성이란 말도 있잖아요. 험한 인생길은 처음엔 쓰지만 나중에는 달콤할 거예요. 앞으로는 반드시 괜찮아질 거예요. 운명의 구멍을 틀어막아요!"

그가 그의 엄마에 대해 불평하면, 이때는 정신 똑바로 차려야 한다! 이때 당신은 이렇게 말해야 한다.

"어머님이 걱정되셔서 그런 거잖아요. 아마 좋은 뜻으로 하신 말씀일 텐데, 어머님이 요즘 세태를 잘 모르시는 데다, 당신 곁에 계시지 않으니까, 당신이 얼마나 스트레스를 받는지 모르셔서 그래요. 결국 당신을 사랑해서 그러신 거예요."(절대로 그의 어머니에 대한 나쁜 말을 하면 안 된다. 절대로!)

그가 전 여자 친구를 원망해도, 정신 차려야 한다! 이때는 이렇게 말해라.

"그 여자도 나름의 어려운 점이 있었겠지요? 아마도 일부러 그런 것은 아니겠죠? 너무 사랑만 받아서 그런 걸 거예요. 제멋대로일 뿐이지, 마음은 착했지요?" 그녀의 불행을 즐기는 이런 말, 예를 들어 "달링이 욕한 거 너무 정확하다!", "자기 그 전에 눈이 멀었었나 보다." 이런 말은 꼭꼭 숨기고 얼굴에 드러내지 않아야 한다. 그는 당신이 정말 마음이 선량하고 가슴이 넓은 한 송이 백합화라고 생각할 것이다.

그가 만약 당신을 원망한다면, 자매들, 여기에 오늘의 마지막 지식 포인트가 있다. 그가 당신의 어떤 일을 원망하든지 한 마디 만능 문장으로 그것을 무마시킬 수 있다.

"맞아요, 맞아. 모두 내 탓이에요. 내가 당신을 너무 사랑한 나머지 머리가 어지러웠던 것을 탓하세요."

Chapter 5

여자의 적은 여자,
여자는 고달프다

나는 이제껏 여자는 너무나 고등한 동물이기 때문에 여자끼리 곤
란하게 해서는 안 되며, 가서 남자와 싸우는 것이야말로 능력이라
고 생각해왔다. 그래서 같은 여자에게 흉계를 꾸며 나쁜 짓을 하는
저급한 여자들을 혼내주는 것은 나쁜 일은 아니라고 생각한다.

좋아하는 남자 앞에서 괴롭히는 여자 대응법

자신의 여자 동료가 너무나 싫다는 내용의 사연을 보낸 이가 있었다. 그녀가 좋아하는 사람 앞에서 항상 고의적으로 그녀를 궁지로 몬다고 한다. 한 번은 회사에서 여행을 가게 되었다. 그녀가 좋아하는 남성도 그 자리에 있었는데, 그 여자 동료가 갑자기 그녀를 뚫어지게 보더니 "어머? 오늘 화장에 신경 좀 썼네."라고 하는 것이다. 그녀는 당황해서 "아녜요."라고 했더니, 여자 동료가 갑자기 손을 펴서 그녀의 얼굴을 문지르더니, "아니긴 뭐가 아니야. 파우더도 발랐네."라고 하더란다. 그녀는 너무나 난감해서 이런 상황에서 어떻게 하면 좋을지를 내게 물었다.

여러분들도 이런 상황을 겪은 적이 있나? 좋아하는 남자 앞에서 마음속에 악의를 품거나 고의적으로 모른 체하면서 당신을 궁지로 모는 여자가 있지 않나? 일부러 "네 옷 정말 이상해.", "이 바보, 이것도 못하네." 이렇게 말하는 사람 말이다. 이 때, 우리는 속으로 길길이 소리 지르고 있다. "네가 무슨 상관인데! 나한테서 멀리 떨어져! 멀리 꺼지라고!" 그러나 진짜로 소리 내어 욕하지는 못한다. 그렇지 않나?

사실 이런 종류의 약 올리기는 두 가지로 나눌 수 있다. 한 가지는 외모로 당신을 공격하는 것이다. 이럴 때는 두루뭉술하게 넘어가지 말고, 부드러우면서도 강력하게 말을 되받아 쳐야 한다. 예를 들어 위에서 이야기한 것처럼, 그녀가 "너 화장했네."라고 말하면 부끄러워할 필요 없이 "당연하지. 어때? 뽀얗지? 얼굴이 띵띵 부은 채로 나오면 사람들 놀랄까봐." 만약 그녀가 당신 옷이 너무 촌스럽다고 하면, 당신은 웃으면서 말해라. "네가 촌스럽다고 하니까, 안심이 된다."

다른 한 가지는 IQ나 능력에 대한 공격이다. 이때 당신이 적극적으로 사이다 반격을 하는 것이 필요하다.

한 번은 한 여자 동료와 같이 노래방에서 주사위 놀이를 했다. 한참을 놀고 나니, 남신이 문을 밀고 들어와서 물었다. "재밌으신가요?" 여자 동료가 바로 "얘 정말 바보 같아요! 열 번 중에 여덟 번을 지네요."라고 하는 것이다. 그래서 나는 그에게 말했다. "너무 어려워요. 아니면 당신이 좀 가르쳐 주든지요." 그러자 그가 내 옆에 앉았다. 이 작전은 약함을 보여 주는 것이다. 사실 남자들은 당신들 중에 누가 지고 누가 이기는 것에는 전혀 관심이 없다. 당신이 얼마나 똑똑한지, 얼마나 유능한지, 주사위 게임에서 몇 번 이겼는지도 관심이 없다. 반면 당신에게 필요한 것은 남자의 관심을 얻는 것이다. 우리가 본 많은 한국 드라마 속에서 모든 여자 주인공 주변에는 항상 나쁜 아줌마 또는 희생양이 되는 여자 조연이 있지 않나? 뛰어난 업무 능력은 여자 주인공에게 방해가 된다. 이렇게 반대파를 아주 소중하게 생각하는 것이 어떨까? 그 때는 당신이 주연의 후광을 경험하는 때이다. 당신의 연약한 면을 보여 줄 때, 남자 주인공이 모험을 무릅쓰고 당신을 도와, 당신과의 감정이 더욱 발전하는 때이다. 어떠한 경우에도 이러한 상황을 만나면, 약한 척하라!

예를 한 가지 더 들면, 한 번은 밖에 나가 야외에서 식사하는데, 이번에도 역시 그 여자 동료도 같이 있었다. 그녀는 자신이 직접 만든 고추장을 가져와서 모든 사람들에게 나누어 줬는데, 오직 나만 빼고 넘어갔다. 마지막에 가서 그녀는 통 속에 남아 있는 고추장을 전부 자신의 그릇에 붓고는 "다 나눠주고, 하나도 안 남았네!" 그리고는 남신에게 고개를 돌려 "맛이 어때요?"라고 물었다. 남신이 "맛있네요."라고 대답하자, 여자 동료는 기뻐서 얼굴에 웃음꽃이 피었다. 사실 그 고추장인지 뭔지는 전혀 먹고 싶지 않았지만, 그녀가 하는 짓을 보니 화가 나서 참을 수가 없었다. 궁중 후궁들의 암투를 소재로 한 드라마를 한두 번 본 내공이 아닌 나는 일부러 크게 말했다. "정말 그렇게 맛있어요? 못 먹어봐서 정말 아쉽네요." 그러니 남신이 내게 물었다. "못 먹었어요?" 나는 달콤하게 그에게 말했다. "네. 조금만 덜어주실래요?" 그는 흔쾌히 그릇에 있던 것을 내게 덜어주었다. 여자 동료의 표정을 보니, 다음번에 내게 곤장 백 대를 하사할 것 같았다!

이러한 예를 통해 말하고자 하는 것은 열세가 우세한 것으로 변할 수 있으니, 약한 척하면서, 동시에 적당히 남성에게 도움을 구하라는 것이다. 기 싸움에서는 그녀들에게 지는 것처럼 보이지만, 마음으로는 강인함을 유지하여야 국면을 전환시킬 수 있다. 나는 이제껏 여자는 너무나 고등한 동물이기 때문에 여자끼리 곤란하게 해서는 안 되며, 가서 남자와 싸우는 것이야말로 능력이라고 생각해왔다. 그래서 같은 여자에게 흉계를 꾸며 나쁜 짓을 하는 저급한 여자들을 혼내주는 것은 나쁜 일은 아니라고 생각한다.

창피한 상황에 빠졌을 때
두려워하지 마라

여러분에게 문제를 내겠다. 만약 예전에 사귀던 남자 친구가 당신을 맹추라고 하는 것을 들었을 때, 당신은 어떻게 대답하겠나? "그놈이야말로 얼간이야. 나랑 사귈 때 양다리를 걸치더니, 나중에 ○○이랑 좋아지고, 또 사기를 당해서 지금은 직장도 없다고." 이랬다면, 다른 사람이 듣고 어떤 느낌이 들었을까? 음… 한 쌍의 맹추들이네. 결국 만약 그가 얼간이라면, 당신은 그와 사귀었으니, 당신은 또 얼마나 수준이 높을까?

반대로, 만약 전 남친이 당신을 멍청하다고 했을 때, 당신이 "맞아. 아마도 나는 진짜 바보인가 봐. 그 때 그렇게 바보처럼 그 사람을 사랑했는데, 나중에 결국……. 에휴, 그 사람도 너무 어려서 충동적이었던 것이지, 일부러 내게 상처준 건 아니었을 거야. 됐어. 난

이제 마음이 편해졌어. 그 사람도 행복했으면 좋겠어."라는 태도를 보인다면. 고상해 보이지 않나? 이렇게 말하고는 잠시 멈췄다가, "진심을 다해 도와줬는데……."라고 말하면, 새 남자 친구는 자신이 당신을 지켜줘야겠고, 진정한 남자가 되어서 당신을 많이 사랑해줘야겠다고 생각할 것이다. 그뿐 아니라 옆에서 듣던 사람도 당신이 너그러운 마음을 가졌다고 생각할 것이다.

따라서 여기서 강조할 것은, 창피한 상황에 빠졌을 때 두려워하지 말라는 것이다. 어떠한 상황에서도, 그 상황 자체를 인정하는 것이 좋다. 당신이 얼마나 똑똑한지, 얼마나 능력이 있는지, 얼마나 대단한지를 보이기 위해 조급해하지 마라. 특히 다른 사람들 사이를 이간질해서 불화를 일으키는 것을 좋아하는 사람이 많은데, 당신이 이들의 일격을 당한 뒤, 스스로 후회스럽다고 말하면, 상황은 더 수습하기가 어려울 것이다.

위의 예처럼, 전 남친이 당신을 바보라고 하는 것을 들었을 때, 마음이 급한 나머지 전 남친 본인이 더 바보라는 것을 증명하기 위한 예를 한 무더기 찾기에 급급하면, 이간질하려는 사람들에게는 웃음거리만 되고, 당신들에 대한 의혹만 더욱 분분해질 것이다. 당신이 말을 다 끝내면, 그녀가 거기에 한 마디 덧붙일 것이다. "ㅋㅋ 이렇게 쉽게 넘어가다니. 전 남친이 말한 게 맞네. 어쩐지 양다리더라니, 확실히 바보였어."

영화《적벽대전》에 나왔던 미녀 배우 린즈링은 예전에 영화《웰컴 투 사마타운(決戰刹馬鎭, Welcome To Shamatown, 2010)》(린즈링, 순홍레이 주연)의 제작 발표회에서, 기자로부터 "순홍레이가 예전에 절대로 당신 같은 '꽃병'이랑 같이 하지 않을 거라고 말한 적이 있는데, 어떻게 생각하십니까?"라는 질문을 받았다. '꽃병'은 얼굴만 예쁘고 자신의 역할은 제대로 소화하지 못하는 여자를 부르는 속어이다. 이 질문에 대해서 린즈링은 웃으면서 "저는 그 말이 순홍레이 오빠가 한 말이라고 믿지 않아요. 오빠가 직접 이야기해주면 믿을게요. 게다가, 그 분이 이런 말을 했다고 하더라도, 지금 저랑 같이 영화 찍었잖아요. 제가 그 동안 열심히 노력해서 이제는 더 이상 '꽃병'이 아니라는 걸 보여드린 게 아닐까요?"라고 대답했다. 그녀에게 박수를 쳐주고 싶지 않나?

사실, 당신의 체면을 떨어뜨리는 말을 인정하면, 당신을 궁지에 몰아넣을 수는 있지만, 남자든 여자든 인간에게는 모두 약한 것을 보호하고자 하는 마음이 있다. 그래서 일단 이런 상황을 만나면 시원스럽게 인정하는 것도 괜찮다.

남친: 어쩜 이렇게 바보 같나, 가다가 길을 잃어?

당신: 이렇게 바보 같으니, 자기가 내 손을 영원히 놓지 말아야 해요.

엄마: 저렇게 컸는데, 어떻게 밥도 하나 못하냐?

당신: 멍청한 딸들은 모두 능력 있는 엄마가 있어서 그런 거야.

죽어 마땅한
남자 친구의 여사친

남자 친구의 여사친은 전 여친보다 더 위험한데, 전 여친은 결국 과거지만, 여사친은 일반적으로 현재 시점이며, 미래 진행일 수도 있다. 여사친은 24시간 아무 때나 당신 남자 친구에게 문자를 보내고, 전화를 걸며, 인생을 이야기하고, 별을 보며, 속마음을 털어놓는다. 당신이 기분 나빠하면? 성숙하지 못하고, 철이 안 든 것이며, 남자에게 틈을 주지 않는 것이다. 당신이 화를 참고 숨죽여 울면? 그녀는 욕심이 한도 끝도 없을 것이다. 어떻게 하면 이런 민폐 여사친을 철저하게 차단할 수 있을까?

어떤 동생이 이해할 수 없다며 내게 물었다. "어째서 하필 여사친이 있는 남자를 찾았을까요?" 금이 없으면 빛은 발하지 않고, 금이 빛을 발하면 사람들이 가져간다. 좋은 남자라면 누구나 그 주변에 반드시 훼방 놓으려는 여자가 있기 마련이다. 이것은 '하늘에서 비가 내리려고 하는' 것처럼 어쩔 수 없는 자연 현상이다. 게다가 당신이 그에게 시집간 후에, 여사친이 또 나타나면 어떻게 해야 할까?

　이런 장면을 상상해보자. 신발 한 켤레가 당신의 마음에 들었는데, 치수가 당신의 발보다 약간 크지만, 카트에 넣어 두었다. 보면 볼수록 마음에 들고, 특히 쇼핑몰에서는 재고가 얼마 남지 않았다고 알려준다. 당신이 마지막에 결심을 하고 "약간 큰 것은 밑창을 사서 깔면 되지 뭐." 드디어 클릭하려고 결정했을 때, 품절되었다! 당신의 심정은? 아마도 '내 물건을 빼앗겼어.'라고 생각하며 속상해하고 있을 것이다. 이것이 바로 여사친의 심정이다. 그 신발이 당신 것이었나? 당신이 가져봤나? 생각해봐라. 하지만 여사친은 이렇게 이성적일 수 없기 때문에 당신에 대해 적의를 가질 것이 분명하다.

　여사친은 연인 사이와 약간 차이가 있는데, 당신의 남자 친구가 그녀에게 반하지 않았거나, 그녀가 당신 남자 친구에게 반하지 않았거나이다.

　만약 첫 번째라면 나는 그래도 간단히 구할 수 있는 방법이 있다. 첫 번째, 그녀가 당신 남자 친구를 찾을 때는 언제라도 나타나서 "남자들이 뭘 알겠어요? 언니의 답답한 마음은 여자라야 아는 거예요. 가죠! 아저씨들은 가서 축구나 보시고, 우리 '자매들' 고차원 수다

방해하지 마세요."라고 하는 태도를 보여야 한다. 두 번째는, 미친 듯이 그녀에게 남자를 소개시켜 주고, 영원히 "언니가 얼른 행복을 찾아서 이렇게 우리 네 사람이 같이 만나서 놀면 좋겠어요. 마작을 해도 한 사람이 부족하잖아요."라는 태도를 보여야 한다. 세 번째는 바로 남자 친구의 스킨십을 몇 번 거절한 뒤, 모든 것이 당신 여사친을 데려와서 내가 피곤해 죽겠다고 말하는 것이다. 여러 번 계속되면 그는 이 여자를 죽도록 미워하게 될 것이다.

만약 두 번째 종류라면, 정말로 매우 귀찮기도 한데다, 당신이 할 수 있는 것이 거의 없다. 그녀가 손만 흔들어 줘도 당신 남친은 복권이라도 맞은 듯 기분이 날아갈 것이다. 만약 어느 날, 그녀가 알아차리고 당신의 남자와 잘해보기로 결정한다면, 당신의 남자는 절대 두 말도 하지 않고 당신을 차버릴 것이다. 마치 브래드 피트가 안젤리나 졸리 때문에 가버렸던 것처럼, 당신은 블로그에다 욕하는 것 외에는 전혀 방법이 없다. 그러나 이런 가능성은 그리 크지 않고, 이런 여성들은 보통 눈이 꼭대기에 붙어 있어서 알아차릴 확률이 비교적 적다. 당신이 만약 이러한 사상누각에서 생활하기를 원한다면, 될 수 있는 한 멀리 이사 갈 것을 권한다. 가장 좋은 것은 같은 도시에 있지 않는 것이다. 같은 서울에 있다고 하더라도, 강동구와 강서구 쯤 되는 거리에 떨어져 있어야 한다. 원거리 연애도 좋은 결말이 거의 없는데, 원거리의 여사친은 오죽할까!

전 남친의 현 여친 소탕작전
:당신을 가상의 적으로 여기는 그녀

솔직히 말하면, 이 글을 쓰기 전에 나는 무척 몸부림쳤다. 결국 당신
은 살상력이 이처럼 강한 무공을 알게 될 텐데, 아무렇게나 밖으로
전해지면 좋지 않을 것 같아서이다. 만일 오로지 전 남친의 여자들
을 골탕 먹이기 좋아하는 여자들이 본다면, 나의 죄과가 더욱 커질
것이다. 그래서 이 이야기를 다 쓰고 나서 어떻게 전 남친을 대해야
하는지를 다시 썼다.

　Warning(경고): 다음의 내용은 전 남친의 현재 여친이 당신을 미친
듯이 괴롭힐 때에만 해당되며, 당신은 잘 지내고 있는데, 그의 현재
여친이 당신을 가상의 적으로 여기고, 아무 이유 없이 당신과 당신
의 친구를 괴롭히는 상황에서만 사용해야 하며, 신중해야 한다.

한 네티즌이 내게 사연을 보냈는데, 그녀가 바로 이런 상황에 있었다. 그녀는 남자 친구가 있었는데, 헤어졌고, 각자 잘 지내고 있었다. 갑자기 어느 날, 어떤 모르는 여자가 그녀의 SNS에 건너와서, 그녀의 블로그에 관심을 갖고, 건건이 댓글을 달며 그녀의 주의를 끌었다. 나중에 그 여자는 자신은 그녀의 전 남친의 현 여친이라고 말하며, 그녀와 친구가 되고 싶다고 했다. 여기까지 봐도, 여러분은 마음속으로 이미 욕하고 싶을 것이다. 전 남친의 현 여친과 어떤 식의 친구가 되겠는가? 그들과는 결코 어떠한 관계도 맺고 싶지 않은 것이 정상적인 사람일 것이다. 그러나 상대방은 "ㅋㅋ, 우리 xx도 이미 미련 없대요. 언니도 미련 버리시길 바랄게요."라고 말하는 것이다.

어쨌든, 여러분 모두 불쾌한 느낌이 들었을 것이다. 이런 상황에서는 어떻게 해야 할까? 불같이 화를 내면서 그녀와 싸우러 가야 할까? 그녀를 전혀 상대하지 않으면, 그녀가 더 이상 다른 경로로 찾아오지 않을 것이라고 확신할 수 있을까? 심지어 그녀는 당신을 아는 사람에게 말했을 수도 있다. "그 여자는 아마도 제 남친을 아직 좋아하나 봐요. 그렇지 않으면 왜 그렇게 화를 내겠어요? 직접 저를 수신 차단했다니까요!"라고 말이다. 당신은 기본적인 예의를 유지하려 하지만, 그녀가 오히려 계속해서 당신을 점점 짜증나게 한다. 우리가 이런 대우를 받을 필요가 있을까? 아니다! 그래서 적절하게 대답해야 한다.

먼저, 제발 전 남친에게 전화하지 마라. 이렇게 하면 당신은 속는 것이다. 이 일에서 전 남친의 책임은 크지 않다. 그는 결국 연애하느라 바빠서 당신을 괴롭힐 가능성이 크지 않고, 대부분은 그의 현 여친 스스로 실마리를 쫓아 당신을 찾은 것이다. 그러면 당신은? 이런 의심병만 쫓아내면 된다. 당신이 처음으로 이용할 수 있는 것은 바로 SNS 같은 공개적인 인터넷 도구인데, 그녀의 아픈 곳을 건드릴 수 있는 글을 보내는 것이다. "이미 인연이 다했고, 당신 곁에는 그녀가 있으니, 잘 아껴주고, 그녀가 나의 대체품이라고 말하지 않기를 바란다. 그렇게 하는 것은 정말로 그녀에게 불공평하다. 나를 잊어라.", "내가 당신에게 상처를 줬으니, 다시 돌아갈 수 없을 것이다." 같은 것 말이다. 당신은 그녀에게 당신의 전 남친이 사실 여전히 당신을 사랑하고 아울러 당신에게 돌아와 달라고 했으며, 또한 지금의 여친은 대체품이라고 말했다는 것을 암시한 것이다. 한 번 생각해봐라. 어떤 여자가 이런 것을 받아들일 수 있겠는가? 그녀의 심정을 상하게 할까 걱정하지 마라. 당신이 먼저 그녀를 찾아 말을 건 것도 아니고, 건너 건너 당신의 블로그를 찾아낸 것은 반드시 한가해서 미칠 것 같아 생각이 많은 여자일 것이다. 당신은 특히 기념일, 몇 주년, 생일 같은 때 이러한 것들을 많이 보내고 반드시 그들이 전쟁을 하도록 도발해야 한다. 그들이 일단 싸우면, 그녀는 당신을 괴롭힐 여유가 없을 것이다.

예전에 나는 전 남친의 현 여친이 나와 전 남친이 아직 관계가 있다고 의심하는 일을 겪은 적이 있다. 그녀는 끊임없이 내 SNS에 편지를 보내면서, 나와 친구가 되고 싶다고 말하는 것이다. 하루는 나는 그녀가 출장 간 틈을 타서(당연히, 이것도 내가 그녀의 프로필 사진을 보고 발견한 것이다), 메시지를 보냈다. "네 선물 고마워. 오늘이 우리의 기념일인 줄 잊고 있었네. 언젠가 돌아갈 수 있기를 바라." 그리고는 프로필 사진을 올렸는데, 상자에 들어 있는 팔찌 사진이었다. 사진에 있는 선물은 전 남친 집의 탁자(그의 집의 탁자는 매우 특이해서, 쉽게 알아차릴 수 있다)에 놓여 있었다. 거기에 쉬메이징의 노래 《기탁(寄托)》을 배경음악으로 등록했다. 그 노래의 가사를 보면 얼마나 딱 들어맞는지 알게 될 것이다. "나는 당신을 너무나 차지하고 싶지만, 당신 때문에 자유를 잃는 것은 원하지 않아요. 날 사랑하지만 그래도 허락하지 않겠지요. 나를 잊어요. 나를 편하게 가게 해 줘요." 신통하게도 자신을 전 남친이 무한히 그리워하는 대상으로 만들고, 자기는 오히려 새로운 생활을 연 현대 여성으로 지내겠다고 결정하였다는 내용이다. 입장 바꿔 생각해보자. 현 여친이 보면 얼마나 화가 나겠나? 정말로 그들은 싸웠다고 한다. 전 남친은 당연히 현 여친이 출장 갔을 때 내가 그의 집에 갔었다는 것을 인정하지 않았다. 사실 정말로 가지 않았지만, 화가 나서 미칠 지경인 현 여친이 어떻게 그를 믿을 수 있겠는가?

두 번째, 만약 전 남친의 현 여친이 당신과 이야기하는 것을 좋아한다면, 그녀를 즐겁게 하지 않게 해도 무방하다. 예를 들어 "그 손으로 짠 수건 그 사람 아직 가지고 다니나요? ㅋㅋ, 버리라고 하세요." 당신은 입에서 나오는 대로 아무렇게나 말해도 된다. 그가 늘 사용하는 물건을 모두 당신이 그에게 선물한 것처럼 이야기해라. 나도 예전에 전 남친의 여친에게 몇 백만 원짜리 물건을 잃어버렸다고 속였는데, 어쨌든 내 것도 아니었고, 전혀 마음이 아프지 않았다.

세 번째, 당신들의 추억을 잘 이용하라. 만약 이 미친 현 여친이 당신을 너무 많이 괴롭히면, 괴롭힘을 당하는 쪽에서 괴롭히는 쪽으로 바뀌어도 된다. 예를 들어 전 남친에게 전화 걸어서 "내 친구 데리고 가서 밥 먹고 싶은데, 전에 우리가 가서 오리구이 먹었던 식당이 어디에 있는지 아직 기억해? 맞아, 바로 우리가 처음으로 데이트했던 그 곳 말이야. 자기가 하나하나 싸줬잖아. 하하하. 그 때, 자기 정말 자상했는데. 맞아. 내가 지금 찾을 수가 없네. 거기 주소 좀 나한테 알려 줄 수 있어?" 같은 이야기들을 여러 번 하면, 그의 현 여친이 화가 나서 미쳐버릴 것이 분명하다.

앞에서 이야기했던 것들은 남이 나에게 잘못하지 않고, 나도 남에게 잘못하지 않는다는 전제 하에 이야기한 것이다. 나는 정말로 여러분들이 이 책에 쓴 내용을 악용하기를 원하지 않는다. 그렇게 되면 나의 절절한 노력을 낭비하는 것이기 때문이다. 또한 이 일은 지금 누군가의 여자 친구인 여러분들에게도 동일하게 경고하는 것으로, 용건 없이 전 여친의 블로그를 몰래 보지 마라. 이것은 당신 자신만 화나게 할 뿐이다.

남자 친구의 전 여친 소탕작전 1
:도둑 심보를 못 버리는 전 여친

이 글은 나를 너무나 좋아한 나머지 귀찮게 했던 전 남친에게 바친다. 나는 먼저 많은 여성에게 한 마디 하고자 한다. 당신은 이미 정식 여친이고, 이는 '황후'에 상당하므로, 두려워하지 마라. 당신이 가장 유리하고, 드라마에서 나오는 후궁들의 이야기를 보아도, 황제에게 현재 총애 받는 후궁은 왕후까지도 없애버릴 수 있기 때문이다. 이런 마음가짐을 가지면, 전 여친은 모두 매우 쉽고 깨끗하게 정리하게 될 것이다.

전 여친에게 두려운 감정을 느끼는 것은 그녀가 내 남자 친구에 대해 잘 알고 있기 때문이다. 그녀는 자신을 알고 남자도 잘 아는 배신한 스파이 같고, 남자는 충신과 간신을 구분 못하는 혼군이다. 전 여친이 달려와 당신의 남자 친구와 내통하는 일이 생겼을 때, 첫 번째 해야 할 일은 냉정함을 유지하는 것이다. 당신이 무엇을 해야 할지 생각하고, 헤어져야겠다면, 바로 이 부분을 건너뛰고 이어지는 다음 부분을 보면 된다. 당신이 남자를 원한다면, 그와 싸우는 것은 100% 최악의 방법임을 반드시 알아야 한다. 왜냐하면 그녀들은 당신 남자 친구와 연락하려는 목적이기 때문에, 당신은 평화롭고 조용한 생활 속에서 즐거움을 찾고, 자신의 존재감을 부각시켜야 한다.

　남에게 미움을 사는 전임(전 여친)은 두 종류로 나눌 수 있다. 한 부류는 복합적으로 생각해야 하는 부류로, 우리는 이들을 파괴자라고 부른다. 이들에 대해서는 심리적인 면을 공격하는 것이 필요하다. 예를 들어, 그녀는 분명히 당신에게 관심이 많을 것이고, 당신의 블로그를 주목하고 있다. 당신은 자주 남친과 꿀이 뚝뚝 떨어지는 것 같은 쇼를 해야 하고, 되도록이면 모든 기회를 이용하여 그녀를 자극해야 한다. 나는 전에 이런 파괴자를 만난 적이 있었다. 한 번은 그녀가 내 남자 친구에게 전화를 했는데, 정말 공교롭게, 남자 친구는 공을 치느라고 이 전화를 받지 못했다. 나는 바로 블로그에 글을 올렸다.

　"그는 전화가 오는 것을 보고서 휴대폰을 내려놓고는 어떤 일에 대해서 마음을 독하게 먹는 것이 참지 못하는 것보다 훨씬 책임감 있는 행동인 것 같다고 말했다. 갑자기 남자 친구가 너무 멋져 보였다."

여러분의 짐작대로 이런 일은 결코 없었지만, 여러분들은 이 상황을 자세히 상상해볼 수 있을 것이다. 전 여친은 블로그에 올린 이 글을 보고는 마음속이 요동쳐서, 분명히 그가 일부러 받지 않았다고 생각하고, 아울러 머릿속에서 남자가 휴대폰을 들고 끊는 화면을 떠올렸을 것이다. 이렇게 심리적 공격을 받은 후, 이 파괴자는 한 달 동안 우리를 괴롭히지 않았다.

두 번째 교전은 남자 친구가 아팠을 때였다. 그녀는 어디에서 들었는지 남자 친구 집에 와 있었다. 이런 상황을 만나면, 반드시 냉정해야 한다. 냉정! 그리고는 '황후'의 기세를 내뿜어야 한다. 그녀는 나를 보고 깜짝 놀랐고, 나는 그녀에게 차를 마시겠느냐고 물었다. 이 전임자는 나를 신입쯤으로 생각하는 것 같았다. 그리고는 "제가 할게요."라는 것이다. 그래서 나는 바로 일어나서 말했다. "최근에 집 청소를 해서 물건들 자리가 많이 바뀌었어요. 못 찾으실 테니, 제가 할게요." 맞다. 두 번째는 그녀에게 당신이 주인이라는 것을 알게 하는 것이다. 당신이 여주인이고, 당신이 여주인이다!!(중요한 것은 세 번 말해라.)

세 번째는 남자 친구가 직접 그녀를 거절하게 하는 것이다. 역시 이 파괴자이다. 하루는 늦은 시간에 그녀에게 전화가 왔다. 남자 친구는 받아도 되느냐고 물었다. 나는 괜찮지만, 스피커폰으로 받으라고 했다. 남자 친구가 동의했고, 그녀의 전화를 받았는데, 그녀는 예전을 추억하는 말들을 쏟아냈고, 흐느껴 우는 척까지 했다(어떻게 가짜인지 알았는지 묻지 마라. 누가 안 해봤겠는가!). 그리고는 "네 지금 여자 친구는 너처럼 좋은 사람을 가졌으니 정말 부럽다"는 말도 하였다. 이런 말을 두 사람만 하는 통화에서 했으면 정말 낭만적이었겠지만, 스피커 모드에서 들으니 정말이지 매우 난감했다. 게다가 내 남자 친구 본인 스스로 이미 깨끗하게 정리했다고 말했는데, 그도 매우 난감한지 감격은 고사하고 전화 저 편에서 일방적으로 하는 말이 무대 아래의 관중들이 모두 가버리는 공연처럼 느꼈다. 나는 동정심이 생겨나서, 소리 내어 웃었다. 그녀는 바로 눈치 채고는 물었다. "스피커폰 켜 놓은 거였어? 네 여친도 듣고 있고?" 남자 친구는 "그래."라고 말했다. 그녀는 바로 전화를 끊었고, 다시는 우리에게 연락하지 않았다.

기본적으로 세 번째까지 했으니, 이런 파괴자는 힘들 것을 알고 물러날 것이다. 어쨌든 당신 남자 친구도 다른 사람이 반드시 죽기 살기로 매달릴 만큼 특별하지는 않고, 대부분의 여자들도 체면을 중시하는데, 특히 남자를 빼앗으려는 쪽에서는 더욱 그렇다. 몇 번의 공격을 받고는 그녀도 포기했다.

남자 친구의 전 여친 소탕작전 2
:전 여친에게서 온 도발

먼저 세상의 대부분의 전 여친은 모두 절개가 있고, 최소한의 예의
는 지킨다는 것을 반드시 인정해야 한다. 여기에서 이야기하려고 하
는 경우는 냉궁에 들어갔지만 여전히 복귀를 도모하며, 자신의 신분
과 위치를 분간 못하고, 자신에게 새 남친이 생겼거나, 상대방에게
새 여친이 생겼음에도 여전히 질척거리거나, '착한 여동생'으로 변
장한 도둑 심보를 버리지 못한 부류이다. 바로 앞에서 첫 번째 부류
를 파괴자라고 이름 붙였는데, 이번에 말하고자 하는 두 번째 부류
는 훼방꾼이라고 하겠다.

예전에 손 안의 보배로 총애를 받던 전 여친으로서, 그들의 심리
는 '나를 사랑했던 남자가 어떻게 다른 사람을 사랑할 수 있을까?',

'장기 식권을 남에게 **빼앗겼나?**', '내가 아직 혼자인데, 네가 어떻게 먼저 다른 사람을 찾을 수 있어?' 등, 이런 생각에 휘둘려서 전 남친을 전혀 사랑하지 않고, 결코 다시 합치고 싶지 않은데도 여전히 몸을 낮추어 옛날을 추억하고, 미래를 바라보며, 옛 사랑이 아직 끝나지 않았다는 모습을 보여주는 연기에 만족하고 있는 것이다.

우연히 전 여친을 만났다면 어떻게 해야 할까? 아무것도 하지 마라. 체면과 어려운 문제는 동시에 남자에게 남겨주면 된다. 예전에 전 여친이 대놓고 도발한 적이 있는데, 내 남친에게 언제 같이 레이싱 하러 가자고 하는 것이다. 나를 보면서 "여자 친구 무서워서 못가는 건 아니겠지?"라고 덧붙이는 것이다. 남자가 가장 감당할 수 없는 것이 자극법이므로, 이런 때는 조심해야 한다. 내가 먼저 상황을 종료시켰다. "우리 집은 어르신이 주인이시지요.", '어르신'이 기분 좋게 말했다. "안가. 여자들하고 레이싱 하는 거 재미없어." 이렇게 한 목적은 절대로 남자를 두 가지 곤란한 상황에 빠지지 않게 해야 하기 때문이다. 당신이 그를 수습하면, 집에 돌아갈 수 있다. 밖에 있는 전 여친 같은 '공공의 적' 앞에서 '국민 내부의 갈등'은 모두 작은 문제이다. 가령, 당신이 기어코 가지 말라고, 가면 안 된다고 말했다면, 체면을 그토록 좋아하는 남자라는 동물은 자칫하면 머리에 열을 잔뜩 받아 기어코 갈지도 모른다. 당신은 어떻게 하겠는가? 그 자리에서 불쾌한 얼굴을 하겠는가? 그렇게 되면 남 좋은 일만 하지 않겠는가? 일만 보 물러서서 말하자면, 만약 당신 남자 친구가 거절하지 않고, 레이싱 하러 가겠다고 하더라도, 두려워하지 말고, 바로 한 마디 해도 된다. "멋져! 자기 레이싱 할 때 난 자기 꼭 잡고 있어야지, 뒤에서 날아가 버리지 않게." 이렇게 하면, 그는 당신을 데리고 갈 것이다. 레이싱 할 때, 전 여친은 당신들이 애정 행각하는 쇼를 보고 화가 나서 폭발할 것이다.

따라서, 되도록 남친과 전 여친이 둘만 만나는 기회를 주면 안 된다. 어느 날 한밤중에 전화가 와서 그녀가 아파서 병원에 가야겠다고 하거나, 갑자기 전화를 걸어 울면서 감정의 문제를 겪는다면, 당신은 이에 대해 "여자인 내가 당연히 그녀를 잘 알지, 당신 같은 남자가 무뎌서 뭘 알겠어요? 내가 가서 돌보게 해줘요. 나는 그녀랑 친구가 되고 싶어요."라는 태도를 보여주어야 한다.(당연히 당신은 미친 그녀를 마음속에서 다섯 번 욕해도 된다.) 남자는 당신을 보내는 것도 좋지 않다고 생각해서 당신 팔짱을 끼고 같이 갈 것이다. 당신과 남자 친구가 같이 나타난 것을 보고, 그녀는 속으로 당신이 그녀를 욕했던 것보다 훨씬 더 살벌하게 욕하고 있을 것이 분명하다.

한 가지 더 말해둘 것은 전 여친에게 관심을 갖지 마라. 그녀가 애정을 과시하고, 당신 남자 친구에 대해 절절한 애정을 표현해도, 그녀의 목적은 오직 한 가지이다. 당신들이 헤어지고, 당신을 화나게 하는 것. 당신이 순간 충동적으로 남자에게 화를 내면, 화를 내다 싸울 것이고, 싸우면 그녀가 그 기회를 틈타 자상하게 굴 것이고, 남자는 반드시 그녀 쪽으로 넘어갈 것이다. 반대로, 당신이 동요하지 않고, 심지어 그녀를 모르는 체하면, 그녀가 조급해질 것이다. 범죄 심리류의 미국 드라마를 본 사람은 조급하면 쉽게 실수한다는 것을 알 것이다.

전 여친의 위와 같은 무개념 행동을 이야기하면서도, 남자 친구에게는 문제가 없는지에 대해서는 언급하지 않았는데, 다시 한 번 강조해서 말한다. 첫째, 대부분의 남자는 비교적 진화가 덜 되어서, 그들과 이치를 논하는 것은 소용이 없다. 그들은 양다리 걸치면 안 된다는 것을 알지만, 결코 참을 수 없다. 훨씬 고등한 인류로서, 이런 일이 생겼을 때, 여자는 사태를 더 잘 통제해야 한다. 둘째, 남자 나부랭이를 욕하는 것으로는 절대 문제를 해결할 수 없다.

나쁜 절친 1

좋은 절친은 당신을 천당에 데려다 주고, 나쁜 절친은 당신이 막으려 해도 막을 수 없다. 나쁜 절친은 바로 밉상 친구이다.

여기에서는 어떤 절친은 있으면 안 되는지를 자세하게 이야기해 보겠다. 먼저 마음속에 나쁜 의도를 품고 있는 밉상에 대해 얘기하겠다. 첫 번째 부류는 말 전하기를 좋아하는 사람으로 특히 '나랑 너랑은 간도 쓸개도 빼 줄 수 있는'의 형태로 나타난다. 잘 하는 말은 "너 그 XX가 너를 특히 싫어하고, 너를 타깃 삼은 것 알아? 내가 너 대신 불쾌했잖아. 너같이 좋은 애한테 사장을 꼬였다고 하다니⋯⋯." 이간질을 유도하는 것은 가장 무섭다. 이런 상황을 만났을 때, 당신이 직접 그녀를 막아야 한다. "알고 싶지 않으니까, 너도 알려주지 마!" 또는 그녀를 앞에 두고 그 사람에게 전화를 해서, 그 자리에서 대질을 해야 한다. 일하는 중에 이런 사람은 고의로 이런 말을 퍼뜨리는데, 만약 당신의 반응이 "그래? 내가 그 사람한테 잘못한 것도 없는데, 왜 그렇게 말했을까?"라고 한다면, 이 말이 그녀에 의해 전해질 때는 이렇게 변할 수 있다. "걔가 그러는데 자기는 너한테 전혀 잘못한 것이 없는데, 자기가 상사에게 칭찬 받으니까 네가 질투하는 거래." 이렇게 되면, 상대는 원래 당신과 친한 사람이 아니지만, 이상하게 당신과 적대 관계가 되어 버린다.

두 번째 부류는 남자 친구나 남편에게 특별히 다정한 사람이다. 자신이 먼저 그를 메신저에 친구로 추가하고, 걸핏하면 친구 그룹에 메시지를 남기거나 메신저 댓글에서 적극적으로 이야기한다. 당신이 만약 그녀에게 이유를 물으면, 그녀는 억울하다는 듯 말할 것이다. "나는 그 사람이 네 남자 친구기 때문에 좋게 대해준 거야." 내 대학 동창 중 한 명은 긴 머리카락에 하얀 피부, 성적도 좋았다. 그녀가 먼저 절친의 남자 친구를 유혹하고도 '내가 너 대신 시험해 본 것'이라는 핑계를 댔다. 그녀와 그녀의 절친은 그 일로 철저히 사이가 틀어졌다.

이런 절친에 대한 우리의 방법은 바로 자기의 남자 친구 계정으로 그녀를 수신 차단하는 것이다. 한 발에 머리를 깨뜨리고, 과감히 왕래를 끊어야 한다. 당신들이 전에 얼마나 좋았든지 간에 이런 사람을 주변에 두는 것은 지뢰를 파묻고, 화를 묻어 두는 것이어서, 그냥 두면 어느 날 결국 폭발해서 당신을 죽게 할 것이다.

다른 부류의 절친은 우리는 바보 절친이라고 부른다. 그들의 가장 큰 특징은 심성이 나쁘지는 않지만, 나쁜 짓을 한다. 내게도 이런 친구가 있었는데, 성품은 무척 다정하고 친구들에게 잘해주지만, 정말 바보 같고, 눈치가 없는 것이 문제이다. 한 번은 고객과의 식사 약속이 있었는데, 식사 후에 그 친구와 영화를 보러 가기로 했다. 그녀는 일찍 와서 밖에서 배회하고 있는데 너무 추우니 안에 들어와서 같이 식사해도 되겠느냐고 물었다. 어쨌든 끝나고 같이 영화 보러 가야 하니 나는 한 사람이 더 있어도 괜찮겠다 싶어서 그러라고 했다. 결과적으로 그녀는 여자 네 명을 데리고 들어왔다. 같이 온 사람들은 나도 모르는 사람들이라서 상황이 무척 난감했고, 고객 앞에서 얼굴을 들 수가 없었다. 결국 나와 고객은 일 이야기를 다하지 못했다. 그녀에게는 취미가 하나 있는데, 다른 사람에게 자신의 생각을 말하는 것이다. 한 번은 한 친구가 남자 친구에게 채여서, 우리에게 울며 하소연하고 있었다. 그녀는 듣고 난 후에, "나한테 좋은 방법이 있는데, 너 오늘 밤에 그 사람 나오라고 해서 이야기해보고, 기회를 타서 그 사람이랑 뜨거운 밤을 보내는 거야. 그리고는 임신했다고 하는 거지." 정말로 듣고 있자니 놀랄 따름이다.

또 한 명의 친구가 최근에 임신을 했는데, 그녀가 아이를 상대 남자에게 주라고 하는 것이다. 우리는 듣고 울 뻔했다. 그 친구는 결혼도 못했고, 아이 아빠와는 이미 끝난 상태나 마찬가지였다. 각 사람마다 아이를 기르는 것에 대한 관념이 다르니, 함부로 의견을 내서는 안 된다. 그녀는 아마도 출발은 정말로 친구를 위해서 한 말이었겠지만, 그녀의 어리석음 때문에 정말로 여러 번 울었다.

이런 부류의 절친은 존재감이 매우 커서, 어리석은 짓을 하지 않을 때는 매우 귀여운 여동생이다. 첫 번째 부류처럼 그들을 기본적으로 우리의 생활에서 제거할 방법이 없고, 스모그처럼 그녀의 존재를 인정할 수밖에 없다. 그러나 스모그를 오래 마시면, 당신의 건강에 좋지 않은 영향을 끼칠 것이니, 이런 절친은 오랫동안 당신의 귀에 대고 잔소리를 해댈 것이다. '남자는 무조건적으로 너를 총애하고, 사랑해야 한다.', '네 생일, 기념일을 잊은 것은 너를 사랑하지 않는 것이다', '이런 것도 잊다니 나중에는 집에 돌아오는 길도 잊겠다.' 등등. 말은 많아질수록 부정적인 힘이 될 뿐만 아니라 단순한 여동생에게 만일 세뇌를 당한다면, 당신의 행복의 길에 어마어마한 장애가 될 것이다.

생활 속에 이런 절친이 있다면, 우리는 어떻게 해야 할까? 첫째, 자신의 판단력이 있어서, 자신의 생각을 지켜야 한다. 둘째, 절대로 그녀가 당신의 일에 참견하게 해서는 안 된다. 셋째, 그녀의 불완전함을 받아들여서, 애정 문제, 아이 양육 문제 등에 대해서는 그녀와 적게 이야기하고, 쇼핑이나 화장품에 대해 이야기하는 것은 많이 한다. 모든 절친은 자신이 잘하는 곳이 있게 마련이니, 그녀의 좋은 점을 많이 보면, 우정은 오래 갈 것이다.

나쁜 절친 2

앞에서 우리는 이간질하는 걸 좋아하고 당신의 남자 친구에게 과도한 호감을 가진 밉상을 소개하였다. 이번에는 다른 두 종류, 즉 이기적인 귀신과 기생충에 대해서 이야기하려고 한다. 이 두 부류가 숨기고 있는 것은 훨씬 깊어서, 많은 경우 당신은 그들로부터 멀리 떨어지고 싶으나 자신이 너무 이기적이지 않은지를 의심하게 될 수 있다.

먼저 이기적인 귀신에 대해 이야기하겠다. 이런 절친은 우리가 늘 말하는 자기성애자이다. 어떻게 판단할 수 있을지는 아래에 등장하는 그녀에게 이런 부류의 특징이 있는지 살펴본 뒤 해보자.

• 자신이 늘 옳다는 것을 증명하는 것을 매우 좋아한다. 예를 들어, 운전 중에 그녀는 이 길에서 여기까지 좌회전을 해야 한다고 생각

했는데, 코너를 돈 뒤 길을 잘못 간 것을 발견하면, 그녀는 내비게이션이 틀렸다고 여길 것이다.

- 말할 때 당신의 말을 끊는 것을 좋아한다. "너 이게 뭐라고, 내가 말했잖아. 내가 지난 주에 봤던 그게 대단하니까……."
- 당신의 문제에 대해 참지 않는다. "XX야, 너는 이런 일도 제대로 못하고는 뭘 울어, 너 잘났냐? 못났냐? 나한테 두면 일도 아닌데. 너 정말 쓸모없다."
- 당신이 그녀의 위로를 바랄 때, "나 바빠. 실연당한 게 뭐 대수라고, 내가 이번 달 실적을 완성 못하는 게 큰 문제지."라고 말한다.
- 당신이 그녀의 도움을 바랄 때, "내 일이 훨씬 더 급하거든. 기다리든지, 기다릴 수 없으면 네가 스스로 하든지 해."라고 말한다.
- 그녀가 당신의 도움을 바랄 때, "이번 일이 나한테 특별히 중요하거든. 네가 하고 있는 일 잠시 놓고, 먼저 내 일을 끝내도록 도와줘. 얼마 안 걸려."

만약 여섯 가지 안에, 네 가지 이상 부합된다면, 당신은 이 사람과 멀리하는 것이 좋다. 만약 당신이 원하지 않는다면, 이 사람이 평상시에 너무 강하고, 열정이 많으며, 심지어는 추진력이 있기 때문에 당신이 그녀 곁에 있는 것을 좋아한다면, 그녀와 흥정을 시도해야 한다: 예를 들어 그녀가 당신에게 도와달라고 할 때, 당신은 동시에 그녀가 당신을 도와주기를 바랄 수 있다.

두 번째 부류는 기생충이라고 부르는데, 그들의 은폐성이 더욱 높다. 그들은 당신에게 거의 해를 끼치지 않고, 당신에게 매우 의지하기 때문에, 언제나 당신과 같이 있기를 원하고, 화장실에 갈 때도 손을 잡고 가고 싶어 한다. 입은, 또 아주 달다. "넌 내 가장 좋은 친구야. 나는 우리가 평생지기로 지냈으면 좋겠어." 처음엔 기쁘겠지만, 천천히, 당신은 점차 그녀가 매일 '기분이 안 좋은' 상태에 있다는 것을 발견한다. 어떠한 문제도 당신이 해결해야 한다. 만약 당신이 그녀를 돕지 않으면, '친구도 돕지 않는', '내가 이 지경에 빠진 것은 네가 손을 뻗지 않았기 때문'인 냉정한 친구가 된다. 그녀는 당신에 대한 소유욕이 매우 강해서 만약 당신이 다른 친구와 같이 있을 때, 그녀를 데리고 가지 않았다면, 그녀는 화를 낼 것이다. 이런 여자 아이는, 사실 남자 친구가 필요한 것이다.(그러나 진실을 말하면, 남자 친구가 그녀들과 같이 있어도 매우 고생할 것이다) 그들은 자기의 인생을 완전히 다른 사람에게 기탁한다. 이런 여자 아이에게는 그녀의 옷깃을 붙잡고, 그녀에게 크게 외쳐라. 만약 그녀가 아직 구제할 방법이 있다면, 기운을 내고, 이미 구할 방법이 없다면, 당신의 태도가 나쁘기 때문에, 그녀에게 상처를 줬다는 말을 하고 당신을 떠날 것이다. 이것 또한 좋은 일이다.

예비 시어머니와
잘 지내기

전 세계에서 가장 어려운 관계는 고부관계라고 한다. 본래 나의 전문적인 경험은 아니지만, 여러분과 공유하려고 한다. 부모님이 자신의 남자 친구를 좋아하시게 하는 것과 마찬가지로 미래의 시어머님, 즉 남자 친구의 어머니에 대해 가장 중요한 것은 바로 돈을 쓰는 것이다. 어떻게 돈을 쓸까? 어떻게 선물을 해야 노인네의 마음에 쏙 들까?

첫째, 당신 마음대로 선물하라. 이 말의 의미는 설날, 명절까지 기다렸다가 선물하지 말고, 아무 일이 없어도 선물을 하라는 뜻이다. 매번 특별히 비싼 것, 특별히 마음을 담은 것, 특별한 의미가 있는 것이어야 할 필요는 없다. 반대로 정말 마음대로, 예를 들어, "어머니, 오늘 쇼핑하러 갔는데, 이 브랜드 옷이 어머님께 특히 잘 어울릴 것 같아서 샀어요.", "어머니, 이 바디 샴푸 향기가 너무 좋아서, 제 것 사면서, 어머님 것도 한 병 샀어요." 이런 것이다. 선물의 중점은 비싼 데 있지 않고, 그녀에게 '당신이 순간순간 그녀를 생각하고 있다'는 것을 느끼게 하는 데에 있으며, 예비 시어머니를 자신의 절친으로 여기고 지내야 한다. 당연히, 당신은 그녀의 잔소리를 들을 수 있다. "뭐 하러 쓸데없는 돈을 쓰고, 비싼 걸 샀니." 상관없다. 내 엄마가 내 선물을 받았을 때처럼 비록 잔소리는 하지만, 그러나! 선물 받기를 싫어하는 여자는 없다! 여기에서 중요한 것은 이 선물들은 당신의 돈으로 산 것이지 당신 아들의 돈을 쓴 것이 아니라는 것(사실 당신 아들의 돈을 쓴 것이지만.)을 은연중에 알려줘야 한다.

둘째, 가르침을 청하라. 모든 예비 시어머니에게는 어쨌든 장점이 있다. 예를 들어, 음식을 매우 잘하신다면, 당신은 이렇게 말할 수 있다. "어머님, XX가 늘 어머님이 해주신 요리가 호텔 식당보다 훨씬 맛있다고 그러던데요. 저는 요리는 정말로 못하거든요. 어머님의 요리 비법을 제게 가르쳐 주실 수 있으세요?" 예를 들어 연세가 쉰을 넘으셨다면, 여전히 건강을 유지하신다든가, 물건 살 때 흥정을 정말 잘하신다든가 등등. 어쨌든 그녀의 아들에게 그녀의 특별한 장점을 알려달라고 해서 필사적으로 과장하고, 아울러 자신의 단점을 말하면서 진심으로 그녀와 이야기해야 한다.

셋째, 받아들여라! 무엇을 받아들일까? 바로 노부인에게 비위를 맞춰야 할 필요 없고, 그녀에게 어머님 너무 똑똑하세요, 안목이 대단하세요, 등등을 말해 줄 필요 없이, 새로운 사물을 받아들일 수 있어야 한다. 만약 예비 시어머니와 함께 쇼핑을 할 때, 한 쌍의 남녀가 길에서 포옹을 하는 것을 보면, 당신은 별것 아니라고 생각하지만, 그녀는 볼썽사납다고 생각할 것이다. 당신은 어머님께 한 번 동조해드리면 되며, 이런 말은 할 필요가 전혀 없다. "이건 저 두 사람의 일인걸요. 외국에서는 보편적인 거예요. 상대방에 대한 좋아하는 마음을 표현한 것뿐인데요 뭐." 어머님은 이미 쉰이 넘으셔서, 인생관은 진작에 고착되어버렸다. 그녀의 관념을 변화시키려고 시도하지 마라.(당연히, 전제는 시부모님과 절대로 함께 살지 않겠다고 하는 상황에서 만들어진 것으로, 그렇지 않으면 조만간 탄로 날 것이다.)

넷째, 고자질하라. 여기에서는 당신에게 진짜로 고자질하라는 것이 아니다. 이해관계와 관련 없는(이 말에 집중!) 남자 친구의 작은 잘못, 예를 들어 밤새우기를 좋아한다든지, 밥을 잘 안 먹는다든지, 집에 전화하는 걸 좋아하지 않는다든지 같은 잘못을 예비 시어머니에게 고자질하면 그녀는 당신이 자신의 편이며, 아들의 건강을 이렇게 중시하는 여자에게 아들을 주면 안심할 수 있을 것 같다고 생각한다.

다섯째, 꾸짖어라. 반드시 남자 친구와 상의한 뒤 해야 한다. 내 자신의 경험을 이야기하면, 한 번은 남자 친구의 집에 가서 놀았다. 그가 게임을 하고 있었는데, 그의 어머니가 밥 먹으라고 부르셨다.

그가 귀찮다는 듯이 "귀찮아 죽겠네. 이거 지금 죽게 생겼다고요." 라고 하는 것이다. 이 때 나는 정의로운 얼굴로 들어와서 "당신 어떻게 어머님께 그런 식으로 말해요? 어머님이 힘들게 식사 준비 하셨는데, 당신한테 먹어 달라고까지 하셔야 해요? 얼른 가서 먹지 않고 뭐 해요? 게임기 내려놓아요. 좀 이따가 하면 큰일 나나요?" 이런 말은 시어머니가 스스로 하기 어려운데, 당신이 어머님 마음속에 있는 말을 했으니, 그녀는 더할 나위 없이 당신을 사랑할 것이다.

마지막으로, 나는 많은 여성들이 좋아하는 질문에 대답하려고 한다. 예비 시어머니 댁에 갈 때 도대체 자발적으로 집안일을 도와주어야 할까? 해야 한다! 그러나 젓가락 놓기 같은 가벼워서 소홀해지는 일을 해야 한다. 절대로 자발적으로 만들어서는 안 되고, 자신이 일을 잘한다는 것도 보여주면 안 된다. 당신은 손님이지 주인이 아니고, 알바생도 아니니, 자기의 본분만 다하면 된다. 활발하고 귀여워서 사람들이 좋아하는 손님이면 충분하다.

Chapter 6

◆

연애 피해 다발지역: 까다로운 난제들

———

남자들은 이상한 피해망상증을 갖고 있는데, 자신이 가난하든지 부자이든지 여자가 사랑하는 것이 그의 돈이고 그의 사람됨이 아닌 것을 두려워한다. 이런 피해망상증의 심리는 잠시 언급하지 않겠다. 어쨌든 여러분들은 반드시 기억해야 한다. 남자들은 '돈을 사랑하는지 아닌지'로 여성이 진심인지 아닌지를 떠보는 것을 아주 잘한다.

동기가 무엇인지는
중요하지 않다

내 생각에 아래의 이 질문은 아마도 중국 여인들의 일반적인 폐단인 것 같다. 우리 엄마로 대표되는, 광장에서 춤추는 젊은이들 속에 있는 한 무리의 중년 부인들도 모두 이 문제를 가지고 있다. 매번 엄마가 화를 내면, 아빠는 엄마를 달래지만, 엄마는 기분이 좋아지지 않고, '당신은 이미 내가 화난 것을 알고 있었으면서, 왜 이렇게 행동하는 거야?'라고 생각한다. 나는 정말로 우리 아빠가 억울하다고 생각한다. 당신은 한 남자가 얼마나 세밀한 생각을 할 수 있다고 기대하나? 정말로 그가 이렇게 하면 당신을 화나게 할 수 있다는 것을 안다고 생각하나? 당신이 오늘 허리까지 내려오는 긴 머리카락을 아줌마 머리로 자른대도 못 알아보는 종족이 바로 남자이다. 틀렸으면 고치면 된다. 그 사람의 마음까지 비난하지 말고, 후궁들의 암투가 만연하는 드라마도 이제 좀 그만 보자. 드라마를 계속 보다 보면 아마도 주위 사람들이 당신을 괴롭힌다고 느끼게 될 것이다.

내가 자주 받는 편지들에서는 "그는 저랑 같이 있기만 하면 관계를 가지고 싶은 걸까요? 그가 저에 대해 진지한 감정이 시작됐는지 아닌지를 어떻게 분별할 수 있을까요?"라고 묻는다. 이런 문제를 만날 때, 나는 여러분들에게 먼저 상대방의 동기나 잠재되어 있는 요소가 무엇인지에 상관하지 말라고 말하고 싶다. 그보다 먼저 그와 함께 있으면 즐거운지 자기 자신에게 물어보아라. 만약 답안이 긍정적이라면, 당신은 그가 무엇을 생각하는지에 신경 써도 된다. 먼저 이 모든 것이 좋은지 나쁜지를 즐겁게 누려라. 머피의 법칙이라는 것이 왜 늘 성립될 수 있을까? 예를 들면, 이 사람이 진심으로 당신과 사귀는 것 같지 않다고 생각하면, 당신은 예민하고 의심이 많아지며, 무엇을 보든지 그에게 다른 마음이 있는 것으로 생각한다. 까칠하게 굴고, 소란피우고, 순시하고, 휴대폰 몰래 보고, 추궁하다가 결국 헤어진다. 당신은 이렇게 생각할 수도 있다. '보세요. 그 사람은 과연 진심 없이 저와 사귀었던 거예요. 머피의 법칙이 또 영험이 있었다고요.' 영험은 무슨, 이렇게 스스로 죽음을 자초하는 사랑은 내가 그 남자가 당신의 손아귀에서 도망친 것을 박수치며 기뻐하는 것 외에도, 당신의 프로필 사진을 작은 광고지로 만들어 전신주마다 붙이고 남자들이 당신을 멀리하게 만들고 싶다.

어렸을 때, 외숙모와 외할머니의 관계가 좋지 않아서, 매번 외할머니와 엄마가 내게 '네 외숙모는 나쁜 사람'이라는 정보를 주입시켰다. 그러나 외삼촌댁에 가서 놀 때마다, 외숙모는 늘 내게 맛있는 것을 만들어 주셨다. 어렸을 때 나는 당혹스러웠다. 외숙모는 도대체 좋은 사람일까 아닐까? 나는 좋은 사람에 대한 태도로 그분을 대해야 하나, 아니면 나쁜 사람에 대한 태도로 그분을 대해야 할까? 엄마에게 말씀드렸더니, 엄마는 대답했다. "외숙모가 너를 자기편으로 끌어들이고 싶어서 그래." 나는 언니에게도 이야기했는데, 언니의 말이 나를 일깨워줬다. 언니는 "너한테 그분이 좋은 사람인지 나쁜 사람인지는 상관없어. 다른 사람이 네게 잘해주면, 너는 그분에게 잘해줘야 하는 거야."라고 말하여, 나는 깜짝 놀랐다.

사실 많은 경우에, 여자에 대한 남자의 태도는 그 자신도 명확하지가 않다. 남자는 우리 여자와 다르다. 우리는 잘생긴 남자를 한 번 보면, 머릿속은 이미 열려서, "맙소사, 그 사람이랑 결혼해서 아들 하나, 딸 하나 낳으면 도대체 어떤 학교에 보내야 하는 거지?"를 생각하지만, 남자들은 미녀를 보면 몸매가 좋은지만 생각한다. 90% 이상의 남자들은 한 번도 결혼을 사귀는 목적으로 생각하지 않는다. 그들은 정말로 그렇게 멀리까지 생각할 수가 없다. 그래서 여러분의 질문인 '그 사람은 나를 가지고 노는 부류일까요?'라는 것에 대한 답은 주관적으로 볼 때, '그 남자 스스로도 모른다.'이다. 따라서 이런 걱정이 있으면 연애의 달콤하고 아름다움은 없어지게 된다. 함께 있을 때 충분히 누려라. 같이 있어서 좋은 때에 하루 종일 마음 졸이면, 헤어져도 계속 욕을 하게 된다.

　당신이 패리스 힐튼이 아니라면, 상대방이 당신의 돈을 위해 접근해 온다는 걱정을 할 필요가 없다. 당신이 안젤리나 졸리가 아니라면 상대방이 당신에게 접근한 것이 당신의 아름다움 때문인 것을 걱정할 필요가 없다. 그래서 정말 그가 당신에게 모종의 알려줄 수 없는 목적으로 접근한다고 해도, 신경 쓰지 말고, 먼저 두 사람이 사귀는 것이 즐거운지 한 번 시도해 본 후에 다시 이야기하는 게 어떨까?

남자 친구가
과거를 물을 때의
표준 답안

세상에 있는 모든 일들은 사실만 말해야 할까? 내 생각엔 꼭 그렇지는 않은 것 같다. 만약 당신이 당신 남자 친구에게 "나 요즘 살쪘지?"라고 물었을 때, 사실을 말하면 아마도 "음, 적어도 2킬로쯤?" 이럴 것이다. 만약 당신이 남자 친구에게 "나랑 김태희랑 누가 더 예뻐?"라고 묻는다면? 사실을 말하면, "쓸데없는 소리! 김태희가 맞아서 부어도 너보다는 예쁘지."라고 할 것이다. 만약 당신이 친구에게 "그 XX는 왜 나를 싫어할까?"라고 물었을 때, 사실대로 말하면 아마도 "네가 너무 못생겼다고 생각하나보지."라고 할 것이다. 확실한 것은 모두가 이런 사실을 듣기 원하지 않는다는 것이다. 그래서 이 세상에는 약간의 거짓말이 필요하다. 특히 세계 평화를 위해서는 거짓말도 해야 한다.

로맨스라는 것은 모든 거짓말 중에서 가장 가치 있는 거짓말이다. 당신은 일의 크고 작음을 떠나서 당신의 과거를 그에게 알려줄 필요는 전혀 없다. 왜냐하면 여기에는 숨어 있는 우환이 가득하기 때문이다. 일단 당신이 추억하기 시작할 때, 말하는 것은 모두 진실일 것이다. 당신의 전 남친은 아마도 그보다 잘생기고, 돈도 많고, 더욱 자상할 것이다. 이 점을 현재 남친은 인정하지 않을 것이다. "그럼 그 남자한테 돌아가! 그 사람 모든 게 좋다면." 반대로 만약 당신의 전 남친이 그보다 못하다면, 이번엔 현 남친이 우쭐거리게 될 것이다. "하하! 자기 예전에 눈을 어디에 달고 다닌 거야? 다행히 나랑 사귀어서 불구덩이에서 나온 거지?" 특히 그는 말끝마다 당신에게 물어볼 것이다. "어때? 나 대단해? 아니면 전 남친이 대단해?"

이러한 출현 가능한 번거로움에 대비하여 되도록 전 남친의 어떤 문제에 관해서도 말하지 말라고 이야기하고 싶다. 만약 그가 진지하게 묻지 않는다면, 아무렇게나 얼버무려라.

예를 들어 그가 "나 만나기 전에 몇 명이나 사귀었어?"라고 묻는다면, 가장 좋은 대답은

"자기랑 비교하면, 전에는 남자 친구를 안 사귄 거나 마찬가지야. 자기랑 사귀면서 겨우 연애의 의미를 느꼈거든." (이 말은 토할 것 같다고 하지 말고, 숙지해야 한다.)

만약 남자가 성숙하고 진중하다면 계속 추궁하지 않을 것이다. 만

약 계속해서 추궁하고 기어코 당신과 인생의 경력을 공유하려고 한다면, 모범 답안을 알려주겠다.

"단순히 나를 쫓아다닌 사람은 사귀었던 걸로 안치고, 진지한 감정으로 만났던 사람은 두 명인데, 첫 번째는 1년 반 동안, 두 번째는 2년 동안 사귀었어. 첫 번째는 대학 동창인데 졸업한 뒤에 그 사람이 유학 갔어. 두 번째 사람은 예전 회사 동료였는데 그 사람이 양다리를 걸친 거야. 정말 상처받아서 2년 동안은 아무도 안 만났지. 아마도 하나님이 자기 만나기 전에 나한테 예행연습을 시키셨나봐."
(한 글자 한 문구씩 답안을 외우지 말고, 상대에 따라 스스로 스토리를 만들어야 한다.)

이 말의 심오한 의미를 당신은 이해했는가? 첫 번째 문장은 '나'는 시장성이 있는 사람이라, 나를 쫓던 사람이 많았다는 뜻인데, 하지만 나는 진지한 사람이라서, '진지한 감정은 두 번밖에 없었다.'라는 두 번째 문장이 생긴 것이다. 첫 번째 연애는 대학 때인데, 대학 때의 사랑은 순결했지만, 실리가 없었다. '졸업 후에 그가 유학 갔다.'는 것은 첫사랑 남자 친구는 이미 완전히 위협성이 없다는 것이고, 현재는 연락도 하지 않는다는 것이다. '두 번째 남자는 예전 회사의 동료이다'라는 것은 현재는 이미 같이 일하고 있지 않을 뿐 아니라, 나는 피해자이며, 상처 받은 사람이니 얼마나 연민을 느끼게 하고 얼마나 보호해주고 싶겠는가. '나는 정말 상처 받아서, 2년 동안 솔로였어.'라는 것은 나는 이미 그 나쁜 놈을 잊었고, 상처를 치료하는 과정 중에 아무나 찾아 마음의 공백을 메우지 않았으며, 나는 감정에 성숙해서 화를 내지도 않는다. 마지막 문장에서 이 이야기의 종착점은 역시 현재 남친에 있다는 것이다. '내가 받은 모든 고난은 모두 널 만나기 위해서야.' 남자에게 이런 수가 통하지 않을 것이라고 생각하지 마라. 달콤한 말을 들으면 그대로 감동받는다.

어쩌면 남자들이 이 책을 볼 수도 있기 때문에 여러분은 반드시 융통성 있게 응용해야 하며, 기계적으로 적용해서는 안 된다. 한 가지 묘수를 더 알려주겠다. 만약 남자가 의미심장하게 "나랑 자기 전 남친이랑 비교해보니 누가 더 대단해?" 같은 말을 묻는다면, 당신은 "기억이 안 나네. 차라리 전화해서 물어볼게."라고 대답하라. 이렇게 하면 더 이상은 물어보지 않을 것이다.

내 마음에 드는
선물을 고르게 하는 기술

매번 설이나 명절을 맞을 때마다, 편지를 받는데 "누가 받은 선물이 내 것보다 더 엉망일까요"라는 성토대회 같다. 사실 나 역시도 가슴 아픈 경험이 있다. 예전에 홍콩 남성과 연애할 때, 옷걸이를 받은 적이 있다. 맞다. 바로 삼각형의 옷을 말리는 그것이다. 나는 선물로 보낸 것이 스커트라고 생각했는데, 그가 직접 보여주면서, 내게 먼저 옷걸이를 들고 있으라고 했다. 결국 한참을 기다렸지만 반짝반짝 빛나는 철사로 된 옷걸이뿐이었다. 정말 참을 수가 없어서 그에게 물었고, 그것이 광동어로 '너를 낚았다.'라는 뜻이라는 것을 알게 되었다. 매우 창의적이고 낭만적인 것 같지만, 사실은 너무나 교활한 행동이었지 않나? 전혀 성의를 느낄 수 없었다. 돈이 없는 남성은 당신에게 비싼 선물을 하고, 부자인 남성은 당신에게 시간을 들인 선물을 하는데, 이런 것이 바로 성의이다.

이 사건이 있은 후, 나는 계속 총정리를 해봤다. 어떻게 하면 남자에게 이런 이상한 물건을 선물하지 않게 할 수 있을까? 그것은 바로 당신 자신의 스타일에 달려 있다. 이 말은 무슨 뜻일까? 바로 당신이 먼저 자기에 대한 투자를 해야 한다는 것이다. 당신이 청순하고 꾸미지 않은 자연스러운 스타일을 좋아하는지 아니면 화려하고 과감한 스타일을 좋아하는지, 당신 자신의 이미지가 분명하기만 하다면, 당신이 좋아하는 스타일이 당신의 온몸에 드러날 것이며, 남자가 선물을 고를 때, 자연스럽게 참고하게 될 것이다. 적어도 큰 방향에서는 틀리지 않을 것이다. 당신의 평상시 의상 품위가 떨어지지 않고, 미에 대한 기준이 비교적 높다면, 남자가 아무리 신경이 무디다고 해도 자신이 산 선물이 당신에게 어울릴지 아닐지는 느낄 수 있다.

예전에 사귀던 남자 친구가 내게 생일 선물로 뭘 갖고 싶은지 물었는데, 그 때는 어려서 뭘 모르고 이렇게 말했다. "자기가 가장 좋아하는 것을 줘." 나중에 내가 받은 선물은, 바로 쌍절곤이었다. 그는 또 매일 그것을 몸에 지니고 다니라고 요구했고, 친구들과 밥 먹을 때도 그것을 꺼내 흔들어서, 하마터면 식당에서 종업원에게 쫓겨날 뻔했다. 이 일로 내가 받은 교훈은, '함부로 말하면 안 된다'는 것이다. 이 때, 앞에서 내가 말했던 방법을 사용했다면 가장 좋았을 텐데.

여기서 여러분이 가장 조심해야 할 것은 선물을 받은 후의 반응이다. 먼저 선물을 받으면 분명히 그가 보낸 것인지 알면서도 복권에 당첨된 것처럼 기뻐하는 연기를 해야 한다. "나한테 선물하는 거예요? 정말? 아이 좋아라!" 만약 계속 바랐던 그 선물이라면, 바로 눈을 들어 그에게 진한 키스를 해줘야 한다.(공공장소에 있든지 아니든지 상관없이! 만약 공공장소라면, 동작의 폭은 적당히 작게!) 대사는 "자기 어쩌면 이렇게 나를 잘 알았을까! 내가 이거 좋아하는 건 어떻게 알고? 자기는 전 세계에서 나를 가장 잘 아는 사람이야!(헛소리! 메신저 프로필 사진에 두 달이나 걸어놓고는…….)"이다. 이 때 행복과 만족감으로 머릿속이 어질어질한 남자 친구도 당신에게 툴툴거리지 않을 것이다. 그리고 나서, 당신은 바로 셀카를 찍어 모든 SNS, 블로그, 메신저 등에 올려야 한다. 대략 이런 의미로 쓰면 된다. '하늘이 시여 제게 가장 좋은 사람, 저를 가장 잘 아는 사람을 보내 주셔서 감사합니다. 제가 그를 가질 수 있어서 얼마나 행복한지요!' 이 때, 남자는 대단한 성취감을 느낄 것이다! 왜냐하면 사실 남자가 당신에게 선물하는 것은 의무도 아니고, 당신에게 잘해주고 싶어서이기 때문에, 당신 스스로 진심을 보여주는 것도 좋고, 과장해서 연기하는 것도 좋다. 진심으로 감사를 표현하고, 자신의 기쁨을 나타내는 데는 아무리 닭살 돋을 것 같은 말을 해도 지나치지 않다. 제발 도도한 척하지 말고, 칭찬해주면 너무 기가 살까 걱정하지도 마라. 아마도 그는 입 꼬리가 치켜 올라갈 것이다. 선물로 인해 칭찬 받을까 잔뜩 기대하고 있는 남자에게 찬물 끼얹는 말이나 한다면, 누가 당신을 좋아하겠는가!

아직 끝나지 않았다. 이어서, 당신은 그 다음 날 바로 이 선물을 사용해야 한다. 특히 데이트할 때, 그가 선물한 물건을 당신이 얼마나 좋아하는지를 그가 보게 해야 한다. 그가 '너무나 똑똑해서 당신의 마음을 충분히 알아차릴 수 있었던 것'이고, '너무나 품위가 있어서 이렇게 칭찬받을 선물을 살 수 있었던 것'이며, '보통 남자들과는 같은 선상에 놓을 수 없이 격조가 있다'는 등. 어쨌든 선물을 받은 지 일주일 내에 할 수 있는 모든 칭찬을 다 해주고, 반복적으로 이 행위의 정확성을 강조하며, 아울러 본보기로 삼아 그가 앞으로도 더욱더 분발하여, 용감하게 높은 봉우리에 오르며, 아름다운 업적을 더하기를 바라면 된다. 이렇게 하면 점점 당신은 남자 친구가 당신에게 보낸 비싸면서 이상한 물건 때문에 화내지 않아도 될 것이고, 더 이상은 "내가 이런 마음에도 안 드는 물건 때문에 똑같이 비싼 선물로 답해야 하는 거야?"라고 고민할 필요도 없을 것이다.

부탁할 때도
기술이 필요하다

많은 여성들은 남자 친구한테 부탁을 할 때마다 미안해하며, 한 마디를 덧붙인다. "공항으로 마중 나와. 불편하면 됐고.", "케이크 좀 사다 줄래? 오는 길이라면."

남자에게는 두 가지 특징이 있음을 주의해야 한다. 첫째, 융통성이 없다. 생각하는 것도 융통성이 없고, 일하는 것도 융통성이 없다. 꼭 음성인식 프로그램처럼, 내가 어떤 지령을 내리면, 그것을 하고, 어떤 때는 잘못하기도 한다. 둘째, 귀찮은 것을 싫어한다. 남자의 사고 경로는 다음과 같다. "당신 혼자 공항에서 돌아오는 것이 생사와 관련된 큰일도 아니잖아.", "오늘 케이크 안 먹어도 안 죽어." 그래, 그러면 나 안 가겠다. 게다가 네가 내게 준 변명 거리가 있잖아. 불편하고, 오는 길이 아니라서. 그는 아무런 생각 없이 말할 것이다.

그러나 당신은 단지 예의상 그랬을 뿐이고 숨어 있는 뜻은 사실 "안 데리러 온다고? 그럼 죽었어."였다는 것을 그는 정말로 모른다! 그는 여전히 즐겁게 게임을 하고 있고, 자기가 버려질 경계에 놓여 있다는 것을 모른다.

따라서 남자에게 부탁할 때는 반드시 명확하게 해야 한다. "공항으로 마중 나와.", "케이크 사가지고 돌아와." 이렇게 하면 그들은 지령을 받고 문밖을 나갈 것이다. 그러나 꼭 알아야 할 것은, 남자의 뇌는 일반적으로 4M 용량밖에 안 되기 때문에 명령은 하나씩 하나씩 내려야 한다. 예를 들면 이렇게 말이다.

여자: 공항으로 마중 나와.
남자: 알았어.
여자: 오후 3시, T3 터미널이야.

여자: 돌아올 때 케이크 사다줘.
남자: 응.
여자: xx 케이크집의 치즈 케이크로 사와.

둘째, 남자에게 부탁할 때는 애교를 부려야 하고 딱딱하게 말해서는 안 된다. 어디까지나 남자는 우리 여자의 좋은 친구이고, 우호적이고 예의를 지켜 그들을 대해야 한다. 사실 정말로 딩신에게 당연히 잘해줘야 하는 사람은 없다. 그래서 감사의 마음을 품고 남자에게 요구한다. '공항에 마중 나와'라는 말을 가장 완벽하게 하는 방법은 "허니, 공항에 마중 나오는 것 기억하고 있죠? 정말 보고 싶어요. 나오자마자 자기 얼굴부터 보고 싶어요.", "자기야, 올 때 케이크 사다 줄 거죠? 자기가 사다주는 건 특히 맛있더라." 이런 식으로 말하는 것이다.

또 어떤 아가씨가 해준 이야기다. "그 사람은 당연히 마중 나올 마음이 있겠죠. 사랑하면 당연히 말 안 해도 나와야 하는 거 아닌가요?" 2017년이다. 강태공이 낚시하던 시절 이야기를 다시 하지 마라. 알겠나? 그 사람이 먼저 나오겠다고 하면 좋지만, 그가 당신에게 빚을 지지는 않았다! 원래 공항에 당신을 마중 나가는 것이 당연한 도리는 아니다. 그가 나왔다면, 당신은 감사해야 한다. 그런 그에게 듣기 좋은 말을 해 주는 게 뭐가 잘못인가? 내가 또 화나는 것은 남자가 자신을 일방적으로 사랑해주고 자신의 부탁을 들어줘야 한다고 생각하는 것이다. 연애는 서로 사랑하는 것이지 여자가 일방적으로 받기만 하는 것은 아니므로, 아빠 엄마 외에 당신에게 아무 조건 없이 잘해주는 사람을 찾고 싶다고 생각하지 마라. 무슨 근거로? 그렇게 많은 여자가 솔로로 있으면서 자신이 당연히 다른 사람의 사랑을 받을 수 있을 것이라고 생각하는데, 이런 것은 별똥별을 보면서 빌어야 할 소원이 아닐까? 만약 내가 다리를 다쳐서 절뚝거린다면? 남자 친구는 '마땅히' 웅크리고 앉아 내 신발 끈을 묶어줘야 한다. 남자 친구는 '마땅히' 돈도 잘 벌어야 하고 집안일도 잘해야 한다. 세상에 '마땅히'라는 것은 없다. 모든 일은 모두 마음속으로 원해서 된 일이다. 그는 왜 간절히 원했을까? 왜냐하면 그가 당신을 사랑하기 때문이다. 왜 당신을 좋아할까? 당신이 한국드라마 보는 것을 좋아하기 때문이 아니라, 연인들은 서로 이해하고 서로 알아주며, 서로 도와주고, 서로 보호해주어야 하기 때문이다. 마음으로 사랑을 경영하지 않는 사람은 호시탐탐 당신의 남자를 노리는 여자에게 기회를 주고 마는 것이다.

본론으로 돌아와서, 다시 한 번 부탁할 때의 공식을 정리하겠다.

부탁할 때 = 부탁할 내용 + 한 마디의 사랑의 언어 또는 상대방을 칭찬하는 말

이 부분을 읽고 난 뒤의 숙제는 이것을 반복하여 연습하는 것이다. 예를 들어, "달링, 시스템 좀 다시 깔아줄 수 있어요? 자기가 컴퓨터 앞에 진지하게 앉아 있는 모습 보면 정말 섹시하더라." 이 문형을 기억하고, 어떠한 상황에서도 두려워하지 말자.

감사의
매력

우리는 앞부분에서 남자 친구에게 부탁을 하거나, 선물을 요구할 때 어떻게 해야 할지를 이야기했다. 이 모든 것에는 한 가지 마무리가 필요한데, 바로 '감사'이다.

세상 모든 일에는 그에 따른 변하지 않는 도리가 있다. 도움을 받거나 선물을 받았을 때 감사를 표하는 것은 이와 같은 당연히 해야 할 도리이다. 호의에 대해 감사만 잘 해도 감사를 또 할 수 있는 다음 기회가 생길 것이다.

감사는 두 가지 종류로 나눈다. 첫 번째는 얻었기 때문에 감사하는 것이다. 예를 들어 선물을 받았다거나, 도움을 받았다거나, 기회를 얻었다거나 할 때이다. 이런 감사는 반드시 과장되게 표현해야 하는데, 마음속 기쁨을 몇 배로 더 많이 표현해내야 한다. 우리가 어릴 때부터 받은 교육은 늘 내향적인 감정 표현이어서, 선물을 받고 떠들썩하게 좋아하면 천박해 보인다고 생각했다. 그러나 사실 입장 바꿔 생각해보자. 만약 당신이 선물을 했는데, 받은 사람이 즐거워하기를 바라겠는가, 아니면 아주 조용하게 한쪽에 두기를 원하겠는가?

　여기에서는 두 번째 종류의 감사에 대해 집중적으로 이야기하고자 한다. 미안해서 감사하는 것이기 때문이다. 예를 들면 남자 친구가 당신의 숙제를 도와서 완성해 줬거나, 당신이 친구들 파티에 가느라고 남편과의 데이트를 잊어버렸기 때문에 등의 일들이다. 이럴 때의 감사는 우리는 보통 미안한 감정은 다섯 배, 감격은 열 배, 칭찬은 백 배로 확대해야 한다.

　따라서 이러한 감사에도 공식이 있다.

일에 대한 칭찬 + 상대방에 대한 감사 + 미안함 + 상대방에 대한 칭찬 + 사랑 표현

　예를 들어, 우리의 설정은 당신이 친구들과의 파티에 가느라고, 남편이 당신 대신 PPT를 완성했다. 대화는 이렇게 진행되어야 한다.

아내: 자기, 이 PPT 정말 잘 만들었다. 고객이 요구, 상품의 디스플레이 모두 간결하고 깔끔해요. 당신은 정말 천재야.(먼저 이 일을 죽도록 칭찬한다. 그가 만든 것이 정말 신통치 않더라도, 당신은 특별히 진심을 담아 칭찬해야 한다.)

남편: 별거 아니야. 아무렇게나 만들어봤어.

아내: 절대 아니에요. 당신 정말 공들여서 만들었네요. 고마워요. 난 어쩜 이렇게 운도 좋을까? 자기 같은 남편이 있고.(진심으로 상대방에게 감사한다.)

남편: 알면 됐어.

아내: 자기, 내가 앞으로는 스케줄 관리를 잘 해서, 절대로 자기 귀찮게 하지 않을게요. 오늘 원래는 축구 경기 보려고 했다는 거 알아요. 어쩜 나한테 이렇게 잘해주는지, 축구 경기보다 내가 더 중요하다니, 나 울 뻔했어요.(여기에선 임기응변을 발휘해야 한다. 여기에서 중요한 점은 미안함이 아니라, 미안한 마음을 통해 남편이 당신을 위해 시간과 정력을 희생한 것을 당신의 입으로 직접 이야기해줘야 한다. 당신이 남편을 이해하고, 고마워한다는 것을 알게 해야 한다.)

남편: 축구 경기야 다음 날 다시 보면 되지 뭐. 마누라가 훨씬 중요하지. (당신이 계단을 만들어 준 것이다. 남자는 좋은 사람이 되는 것을 좋아해서 계단을 따라 내려갈 수 있다. 설령 그가 축구 경기를 보려고 하지 않았더라도, 그는 애매하게 인정할 것이다. 중요한 점은 남

자들이 오늘 당신을 도운 것이 가치 있었다고 생각하는 것이다.)

당신: 자기, 진짜 진짜 사랑해요. 당신 없으면, 어떻게 살까 몰라.(사랑의 고백이 공식의 마지막 한 끝이다. 천 마디 만 마디 말을 한 마디로 응축한 것으로 감사, 송구함, 이해 이것들 모두 사랑 때문이다.)

감사, 이것은 반복적으로 할 가치가 있다는 것을 꼭 알려주고 싶다. 특히 다른 사람 앞에서 말이다. 많은 사람들 앞에서 또 칭찬해도 된다. 칭찬을 좋아하지 않는 사람은 없고, 칭찬을 해 주면 머릿속에서 '이 일은 계속 해야겠다'는 것이 정해진다. 계속 이렇게 해 나가다 보면 남자에게 일종의 사고의 반사를 형성하게 된다. 즉, 맞게 행동하면, 보상이 있고, 그러면 계속해서 한다.

당연한 일도
말하지 마라

앞에서도 말한 적이 있지만, 남자들은 자존심이 강하지만 유치하기도 해서 어린아이 같다. 남자가 하는 많은 일들을 당연하다는 듯이 말하면 안 된다. 그렇게 이야기하면 그 사람을 기분 상하게 할 수 있기 때문이다. 예를 들어 버스에서 노약자에게 자리를 양보하는 것은 합리적인 것이고 당연한 것이지만, 어떤 할머니가 당신에게 "왜 양보 안 해?"라고 말하면, 이 말을 듣는 즉시 양보하려고 했던 사람의 기분이 나빠진다. 마찬가지로, 이번에 이야기하려고 하는 것도 똑같은 경우이다.

첫째, 남자 친구가 있어서 누리는 편리함이다. 예를 들어, 출퇴근 때 데려다 주거나 마중을 나오고, 당신의 컴퓨터를 고쳐 준다거나,

당신에게 선물을 준다거나 하는 일들이다. 이런 것들은 모두 맞는 일이고, 남자 친구들이 마땅히 해야 할 일이기도 하지만, 다리를 꼬고 내심 좋아하면서 당연하다는 듯 누리는 것은 절대 금물이다. 반드시 감사하는 마음을 표현해야 한다. "난 어쩜 이렇게 좋은 운명을 타고나서 당신을 만났을까요?", "자기가 있어서 정말 좋아요!" 이런 말을 하는 것이 힘든 일도 아니고, 남자 친구를 기뻐서 펄쩍펄쩍 뛰게 할 수 있는데, 안 할 이유가 있을까? "남자 친구면 당연히 해줘야 하는 거 아니야? 이게 다 원래 자기가 해야 할 일이야."라는 태도는 절대로 보여서는 안 된다. 기억하라. 당신에게 이렇게 해줘야 할 의무가 있는 사람은 아무도 없다. 이렇게 해주는 것은 모두 당신을 사랑하기 때문이다.

둘째, 남자가 모든 돈을 쓰는 것을 당연하다는 듯 말해서는 안 된다. 사실 나는 어째서 남자가 돈을 쓰는 게 당연한 것인지 정말 모르겠다. 각자 내는 것도 틀린 것은 아닌 것 같다. 남자 친구가 자신이 돈을 쓰는 것에 개의치 않는다면, 당신은 립 서비스를 잘하면 된다. 이것도 못할까? "달링, 자기가 준 선물 너무 좋아." "허니, 자기가 해준 모든 것 너무나 고마워요."

셋째, 억지를 부리는 것이다. 여자는 당연히 억지를 부린다. 어떤 일이 맞고 틀리고는 완전히 우리의 손에 달려 있다. 말싸움에 대해서는 남자 열 명도 우리의 적수가 되지 않으며, 우리는 단지 이 한 마디만 해주면 된다. "자기 이건 무슨 태도야? 당신을 위해서 시작한 거잖아? 그런데 당신이 오히려 나한테 화를 내다니! 나를 사랑하지 않는 게 분명해!" 이런 말을 하면, 당신은 반드시 이길 것이나. 만약 당신이 공개석상에서 억지를 부린다면, 이후에는 당신이 억지를 부리지 않더라도 남자는 당신과 정상적인 토론을 할 수 없을 것이다. 그들은 단지 "그녀 스스로 그녀가 억지를 부리고 있다고 하는데, 내가 왜 그녀와 이야기를 해야 해? 마음대로 하라지."라고 생각할 수 있다. 시간이 오래 지나면, 두 사람의 교류와 소통에 심각한 영향을 줄 것이고, 모두가 다 알듯이, 교류와 소통이 없어지는 관계는 마지막으로 가기 쉽다.

남자는 아이다. 아이는 어르고 달래줘야 하는데, 남자들은 더욱 필요하다. 그래서 위에서 언급한 우리 어른들이 아는 도리는 말할 필요가 없다. 마찬가지로 이러한 당연한 일들에 대해서는 우리 여자들만 알면 되고, 달콤한 말만 해주면 남자는 귀신이 하는 것처럼 전심전력으로 당신을 위해 돈을 쓸 텐데, 당신은 왜 아직도 그런 대립을 하려고 할까?

연인 사이에서 돈은 어떤 상황에서는 민감한 화제가 될 수 있다. 그러나 일반적인 상황에서, 연인 사이에서 돈은 80%의 문제를 해결할수 있기 때문에, 돈으로 해결할 수 있는 문제에 절대로 돈을 아껴서는 안 된다. 게다가 대부분의 경우 적은 돈만 들여도 큰일을 처리할수 있다. 혼인 관계에서 또는 두 사람이 오랜 시간 동안 친밀하게 지냈던 관계에서도 돈은 때때로 두 사람의 감정에 영향을 줄 수 있다. 여자는 특히 더 민감해서, '이 사람이 도대체 나를 사랑하는지 아닌지'를 자주 생각할 수 있다. 함께 먹고 살았던 길고 긴 세월에서 돈 때문에 갈등이 생겨난 부부는 셀 수 없을 정도로 많다. 비슷한 상황에 직면했을 때, 우리는 어떻게 감정을 지켜야 할까?

여기에서는 두 가지 사례를 공유하고자 한다.

팅팅은 한 재력가에게 시집갔다. 재력가는 결혼을 한 번 했있고, 아들이 하나 있다. 이혼할 때 재력가는 보통사람이었는데, 이혼한 후에 갑자기 그의 사업이 점점 갈수록 커졌다. 전처는 눈이 빨개져 서는 양육비 외에도 매번 아들(이미 성인)을 종용해서 재력가의 돈을 요구했다. 재력가와 팅팅은 서로를 매우 사랑했지만, 남편은 미안한 마음에 팅팅에게 말하지 못하고, 몰래 자기 아들에게 돈을 주었다. 그러던 어느 날, 팅팅에게 들키고 말았다. 여기까지 듣고 나서, 생각 해보니 여러분이 팅팅이었다면 분명히 화를 냈을 것 같다. 첫째, 우 리가 양육비로 적은 돈을 주는 것도 아닌데 왜 또 돈을 요구하느냐? 둘째, 당신 아들은 이미 성인이고, 두 손 두 발 다 있는데 자기 스스 로 일을 해서 자신을 책임져야지 입을 열면 아빠에게 돈을 달라고 하니 체면이 있는 거냐? 셋째, 내게는 말하지 않고 돈을 주다니 팔 꿈치가 바깥쪽으로 도는 모양이다. 나는 다른 편인 거냐? 한 번이 두 번이 되고, 이 돈은 강탈해가는 것이나 같은데, 주다보면 끝이 없을 것이다. 그렇다. 이것은 모두 정상적인 사고방식이다. 그러나 화내는 것으로 이 문제가 해결될 수 있을까? 그러면 친아들이고, 피는 물보 다 진한데, 당신이 난리 몇 번 쳤다고 남편이 아들에게 돈을 안 줄까? 아들에게 돈을 주는 것은 당연한 일이고, 이 일을 어디 가서 이야기 해 봐도, 누구도 당신이 옳다고 하지 않을 것이다. 우리의 팅팅은 매 우 똑똑하게 처신했는데, 오히려 놀랍게도 남편 몰래, 전처의 아들에게 돈을 주었다. 재력가인 남편은 알고 나서 정말 감동했다.

　여러분들이 보기에 이 일을 얼마나 멋지게 처리했는가? 먼저, 우리는 반드시 주된 갈등이 무엇인지를 분명히 해야 한다. 두 번째, 우리도 무엇을 단결이라고 하는지 분명히 알고, 모든 단결할 수 있는 힘을 모아야 한다. 남편은 내 사람이고, 그래서 이 일에서 반드시 남편과 같은 입장에 서 있어야 한다. 따라서 돈은 반드시 주어야 한다. 당신이 생각해보라, 만약 당신이 이 일 때문에 남편과 싸운다면, 첫째, 남편은 중간에서 곤란할 것이다. 자신의 친아들을 모른 채 방치하는 것도 할 수 없기 때문이다. 둘째, 돈은 남편이 번 것인데, 이 일로 서로 반목하면, 남편이 주겠다는데, 당신한테 무슨 방법이 있겠는가? 게다가 많이 싸울수록, 다른 여자가 그 기회를 타 남편에게 접근할 수 있다. 팅팅은 자발적으로 주었을 뿐 아니라, 매우 부드럽게 남편에게 말했다. "우리가 돈을 이렇게 많이 벌었는데 당신 아들에게 당연히 더 많이 줘야죠. 더 많이 주세요. 어쨌든 당신의 친아들이잖아요. 난 당신을 곤란하게 하고 싶지 않아요. 나는 당신이 이렇게 많은 돈을 벌었는데, 그 돈이 당신을 즐겁게 하면 좋겠어요. 돈은 우리가 좀 적게 쓰면 되지요." 재력가가 이 말을 듣고 얼마나 기뻤을지, 얼마나 감동했을지, 팅팅과 결혼한 것이 얼마나 정확한 선택이었는지 절절하게 느꼈을지 생각해보라. 그리고 난 뒤 팅팅이 말한다. "여보, 제가 힘들었던 건요, 이 일을 제게 숨긴 거예요. 제가 화낼 거라고 생각했어요? 앞으로는 집안에서 쓰는 돈은 제가 관리하고 싶어요. 제가 돈을 허투루 쓰지도 않을 것이고, 당신이 얼마를 쓰든 상관하지 않을 거예요. 단지 당신이 이제는 어떤 일을 할 때 제게 먼저 상의했으면 좋겠어요. 제가 도리에 어긋나지는 않을 거예요." 이쯤 되면, 당신은 팅팅에게 기립 박수를 쳐주고 싶지 않은가?

여러분은 먼저 남자들이 귀찮은 것을 정말 싫어한다는 것을 알아야 한다. 그의 잠재의식 속에서 아들에게 돈을 주는 이 일을 팅팅이 알게 되면 분명히 귀찮을 것이라고 생각했을 것이다. 많은 말로 설명해야 할 바에는 몰래 주는 게 일을 더는 것이라고 생각했을 것이다. 발견되면 그 때 다시 이야기하면 된다는 이런 요행심리를 쉽게 가진다. 그러나 여자에게 있어서 속이는 것과 숨기는 것은 가장 용납이 안 되는 것이고, 피차 마음에 두는 것이 다르기 때문에 싸우면 좋은 결과가 나오지도 않는다. 그래서 일이 발생한 후, 팅팅은 소란을 피우지도 않고, 오히려 남자의 마음을 매우 잘 이해했다. 재력가는 자기가 팅팅을 잘못 봤음을 알았고, 아울러 그녀를 더 신임하기 시작했다. 이 일이 있은 후, 재력가는 팅팅에게 더욱 전념했으며, 부동산, 차 전부를 그녀의 명의로 해주었다.

샤오후이라고 하는 다른 여자 아이의 이야기를 다시 해보려고 한다. 그녀는 돈 많고 잘생긴 남자와 사귀고 있다. 그 남자의 조건이 너무 좋아서 그랬는지, 그녀에 대해 차갑지도 뜨겁지도 않았고, 그녀에게 별로 열중하지도 않았다. 샤오후이는 평범한 여성으로 직장에 다닌 지 막 2년이 되었고, 돈도 집도 차도 없는 대표적인 '3무' 세대이다. 하루는 데이트하기로 한 날 남자 친구가 그녀를 바람 맞혔다. 그녀도 처음엔 무척 화가 났지만, 용서하는 마음으로 화를 참았단다. 그 다음 날 점심에 일부러 그의 회사로 가서 남친과 밥을 먹으면서 어제 바람맞힌 일은 전혀 언급하지 않고, 단지 그에게 무슨 일 있는지, 요즘 마음이 좋지 않은 것 같아 보이는데 무슨 일이 생겼는지를 물었다. 만약 있다면 그녀가 도움을 줄 수는 없는지도. 그 남자는 너무나 미안하게 생각하며, 그제야 그의 회사가 최근 자금 융통에 여의치 않은 상황이 생겨서 바빴던 게 사실이고, 은행, 친구를 찾아다니며 일을 처리하느라고 연애하는 것에는 마음을 쓸 여력이 없었다는 이야기를 해줬다. 남자 친구의 설명을 듣고 나서 샤오후이의 마음도 훨씬 편해져 그를 위로해 준 뒤 돌아갔다. 저녁에 샤오후이는 직접 그의 집으로 찾아가 그에게 은행 카드를 건네주면서, 여기에 자신의 전 재산이 들어 있는데, 자금난을 해결할 수는 없겠지만, 급한 불은 해결할 수 있었으면 좋겠다고 이야기했다 그 남자는 거의 울 뻔했다. 평생 여자를 사귀어 봤지만, 모두 돈을 뜯어내려는 여자들만 있었지, 처음으로 그에게 돈을 주는 여자를 만난 것이다.

　모두 알다시피, 남자들은 이상한 피해망상증을 가지고 있는데, 바로 가난하든 부자이든 여자가 자신을 사랑하는 것이 아니라 자신의 돈을 사랑할까봐 두려워한다. 어떤 유명한 재력가도 애인과 데이트할 때 지갑을 안 가져온 체하고 여성에게 계산하게 했다고 한다.(이 이야기는 완전히 이 여자가 직접 말한 것으로, 정말로 그런지는 나도 모른다. 그러나 나도 한 말레이시아 사람을 확실히 알고 있는데, 개인 비행기도 가지고 있는 부호이지만, 여자와 데이트할 때 가난뱅이처럼 속이고, 버스를 타고 약속 장소에 온단다.) 이런 피해망상증의 심리에 대해서는 잠시 접어두고, 어쨌든 여러분들이 반드시 기억해야 할 것은 남자들은 '자신의 돈을 사랑하는지 아닌지'로 여성이 진심인지 아닌지를 늘 시험해보려고 한다.

위에 썼던 이야기의 결말은 당연히 매우 원만하게 해결되었다. 나중에 샤오후이와 부자이고 잘생긴 남자 친구는 결혼을 했고, 이 카드가 그들의 언약의 징표가 되어 영원히 보존되었다. 그 남자는 당연히 그 통장 안에 있는 돈을 한 푼도 건드리지 않았다. 물론 이런 일은 모험성이 강하고, 우리는 어쩌면 사기꾼을 만날 수도 있다. 그러나 당신이 어떤 남자를 만나더라도 그 속에는 각종 모험이 도사리고 있다. 그렇지 않은가?

이 두 사례는 고급 과정에 속한다. 여러분은 기계적으로 적용하려고 하면 안 되며, 배운 것을 꼭 실제로 활용해야만 하는 것은 아니다. 단지 모두에게 다음의 사실을 알려주고 싶다.

1. 남자를 대할 때 돈을 사랑하는지 나를 사랑하는 것인지의 시험(시험하지 않으면 진짜 구덩이를 만날 수도 있을 것이다.)을 반드시 견뎌내야 한다.
2. 돈이 있는 것의 장점은 돈을 쓰는 것에 있으며, 확실히 많은 문제를 해결할 수 있다. 우리 모두 인색하지 말자.

Chapter 7

◆

사랑싸움은 그만!
어렵게 쌓은 감정을 지키자

내가 편지에서 자주 받는 질문은 "어떻게 우리의 감정이 소원해졌을까요?", "왜 그 사람이 나를 더 이상 사랑하지 않는 것처럼 느껴질까요?" 같은 것들이다. 열렬히 사랑한 직후를 제외하고는 머릿속에 도파민이 더 이상 분비되지 않는데, 당신이 자주 무심코 뱉은 말이 연인 사이의 감정을 상하게 하고 있다.

'너'를 '나'로
바꿔서 말하기

나는 정말로 많은 편지를 받는데, 대다수의 말다툼은 모두 피할 수 있다는 것을 발견했다. 모든 연인들은 사귀고 나서 어느 정도의 시간이 지난 후에는 권태기에 들어갈 수 있다. 이때가 되면, 당신은 남자친구를 만날 때마다 화장을 하지 않을 것이고, 일어나서 양치도 하지 않은 채 상대방을 앞에 두고 하품을 할 수도 있고, 이를 쑤실 때도 더 이상은 상대방을 피해 숨어서 하지 않는다. 옷을 갈아입을 때도 화장실에 가고 싶지 않고, 심지어는 변기에 앉아 있을 때도 문을 열어놓고 소리친다. "어이, 화장지 좀 가져다줘!" 이때는 상대방에 대한 조심성도 없어져서 말투도 너무 제멋대로 변하는 사람이 너무나 많다. 대부분의 경우 필요 없는 싸움이 여기에서부터 시작된다.

전에 본 미국 드라마에서 한 변호사가 말했던 재미있는 견해를 본

적이 있다. 그는 원래 말을 할 때 공격적이었다. 한 번은 남편이 죽어서 우느라 정신이 혼미한 고객을 만났는데, 만나서 이야기할 때마다 어려움을 겪어서, 매번 큰 소리를 쳤다. "이해가 되십니까? 만약제가 당신을 도와 재판에서 이기려면, 당신은 반드시……." 나중에, 고객은 매일 그와 싸웠다. 결국 담당자가 바뀌어 경험이 아주 많은베테랑 변호사인 그의 상사가 그 고객을 맡게 되었다. 그 상사는 상대와 대화할 때 인칭을 조금 바꿨을 뿐인데, 상황이 매우 달라졌다. 예를 들어 그는

"이해가 되셨습니까?"를 "제가 정확하게 표현한 것이 맞습니까?"로,

"당신이 이번 소송에서 이기려면, 반드시……"를 "우리 이 소송을 정말 이기고 싶은데, 먼저 당신이 제가 ……을 기억하는 것을 도와 주셔야 합니다."로.

대화에서 '당신'을 '나'로 바꾸었던 것이다. 내 남자 친구와 대화할 때 사용해봤는데, 효과가 매우 좋았다.

연인 사이의 권태기가 왔을 때, 가장 좋은 방법은 되돌리기 (rewind), 즉, 여러분의 관계를 되짚어 보는 것이다. 알게 된 지 얼마안 되었을 때, 사귄 지 얼마 안 됐을 때, 당신은 전화기를 들고 이렇게 말하지 못했을 것이다. "○○, 너 뭐 해?" 아마도 당신은 이렇게말했을 것이다. "○○씨, 제가 지금 방해하고 있는 건 아닌지 모르겠네요."

그러면, 지금부터 시험 삼아 '당신'이란 단어로 시작하는 말을 '제가'라는 말로 바꾸어 보자. 만약 모든 문장의 시작이 '당신'이라면, 정말 상상 속의 화면에서 마치 한 사람이 손가락으로 계속 당신을 가리키고 있는 것처럼, 당신 스스로도 정말 유쾌하지 않을 것이다.

"넌 왜 기분이 안 좋은데?"
"무슨 일이 당신 기분을 안 좋게 했는지, 나는 알고 싶어."

"네가 틀렸어. 이 일은 이렇게 될 수가 없어."
"내가 다른 방법을 썼는지 모르겠는데, 이렇게 하면 안 될 것 같아."

"당신 항상 나를 재촉할 필요 없어. 이번엔 내가 늦지 않을 거야."
"안심해, 내가 오늘은 특별히 시간 지키도록 주의할게."

"설탕을 그렇게 많이 넣지 말라고 너한테 이야기하지 않았어?"
"나한테 좀 심하게 달콤하네. 내가 너무 보고 싶어서 요리할 때 한눈 판 거야?"

"네가 틀린 거 아냐? 어떻게 이런 뜻이 될 수가 있어?"
"내가 이해를 잘 못한 건지 모르겠는데, 네가 전달하려고 했던 것이……, 이런 뜻이 맞아?"

"오늘 당신 꼭 우리 엄마 공항으로 마중 나가야 해!"
"내가 오늘 정말 상황이 안 돼서, 오늘은 당신한테 엄마 공항에 마중
나가는 것 좀 부탁할게요. 달링, 당신이 있어서 정말 좋아요."

나 스스로도 이렇게 시도한 후에, 머리도 어지럽지 않고, 눈도 안
보이지 않고, 단숨에 6층까지 올라갔다. 그러나 남자 친구는 너무
즐겁게 내 일을 도와줄 뿐 아니라, 매너도 좋아지고, 더 이상 말을
함부로 하는 것 때문에 의미 없는 싸움을 하지 않게 되었다. 나 자
체가 게으름뱅이이기 때문에, 게으름뱅이는 꼭 달콤한 입을 장착해
야만 이 세상에서 잘 생존할 수 있다. 따라서 친구들, 자매들, '너'를
'나'로 많이 바꾸면 연인과 함께하는 것이 더욱 즐거워지는지 아닌
지를 시도해보자.

왜 결국
헤어지게 될까

며칠 전, 내 여동생의 친구가 생일이어서, 친구들과 노래방에 갔다. 생일 맞은 친구의 남자 친구가 야근을 해서, 도착했을 때는 이미 새벽 한 시가 넘었다. 생일인 친구는 매우 화가 난데다가 술도 좀 마셔서, 남자 친구와 크게 싸운 뒤 헤어졌다. 같이 있었던 동생 친구들이 택시를 타고 집에 돌아오는데, 생일 주인공이 아직 눈물을 흘리며 물었다. "생일을 잘 지내고 싶었을 뿐이었는데, 어째서 결국 헤어지게 된 거지? 헤어지지 않았어야 했나?" 그 중 한 친구가 말했다. "당연히 헤어져야지, 네 생일인데 늦게 온 것은 그 사람은 널 전혀 사랑하지 않는다는 건데, 앞으로 어떻게 같이 지내겠어?" 생일 주인공은 고개를 끄덕였다. 결국 그녀는 오늘 내 여동생과 전화하면서 가슴을 치며 후회했다.

맞다. 생일을 잘 보내고 싶었을 뿐이었는데, 어째서 결국 헤어지게 되었을까? 당신도 분명히 유사한 일을 겪은 적이 있을 것이다. 그렇지 않나? 원래는 남자가 잘못했고, 당신이 화를 냈는데, 싸울수록 일이 커져서, 결과는 어떻게 마무리 되었는지 모른다. 당신은 절대 헤어지고 싶지 않았는데, 왜 이렇게 변했을까? 오늘은 이 문제를 이야기하겠다.

그 날 저녁으로 시간을 되돌려보자. 남자 친구가 늦게 온 것은 이미 벌어진 일이고, 지나간 시간은 다시 돌아올 수 없다. 그러면, 우리는 어떻게 상대해야 했을까? 만약 당신이 이렇게 말했다면? "달링, 일이 너무 힘들죠? 정말 속상해 죽겠어. 그래도 내 생일인데 늦게 왔으니까 작은 벌은 줘야겠어요.(벌주는 방법은 자신이 생각해내라. 물건을 사오게 한다든지, 한 시간 동안 안마를 해달라든지, 당신이랑 여행 가자든지 재미있는 일로)" 이렇게 되면 서로에게 좋은 결말로 바뀌지 않을까?

남자는 잘못을 하면, 원래 가책을 느낀다. 나는 그녀의 남자 친구도 미안한 마음을 품었을 것이라고 생각한다.(결국 나중에 증명되었는데, 남자 친구는 자신이 지각한 것을 보상하려고, 원래 그 다음 날 그녀를 데리고 삼림 공원에 가서 캠핑을 하려고 준비했었고, 아울러 여러 가지 프로그램을 준비하고, 친구들에게 계획을 짜게 했지만, 결과적으로 모두 취소하였다.) 그러나 당신이 끝까지 트집을 잡으니, 마음속에 생겼던 미안한 마음이 없어져 버렸고, "내가 일부러 늦은 것도 아니고, 일이 바빠서 그랬던 거잖아. 사장이 안 가는데 내가 무슨 방법이 있어? 여자 친구로서 이런 것도 용서가 안 돼?" 하는 태도로 변했다. 여자 친구는 이 말을 듣고 더 화가 나서 "일이 나보다 중요하지? 맞지? 그럼 평생 일이나 하면서 살아!" 이렇게 악순환이 계속되었으니 어떻게 헤어지는 것으로 발전하지 않겠는가?

한 가지 더, 이 사례에서 볼 수 있듯이 우리는 절대로 친구를 위하는 좋은 마음을 나쁜 일로 만들어 버리는 사람과 친한 친구가 되면 안 된다. 그녀가 자신을 아끼는 친구인 것은 이해할 수 있으나, 이런 상황에서는 절대로 다른 사람을 대신해서 판단하고 선택을 해서는 안 된다. 당신이 생각해봐라. 만약 어느 날 그들이 화해했다면, 당신은 양쪽 모두에게 원망을 사게 될 것이다.

한 번은 우리가 공연을 할 때, 무대 뒤는 까맣고, 땅에는 많은 전선과 무대를 쌓을 때 쓰일 목재들이 쌓여 있었다. 한 유명 여배우가 당시 우리 프로그램의 게스트였는데, 그녀가 무대에서 내려가 무대 뒤로 나갔을 때, 부주의로 걸려 넘어져서 무릎이 까졌고, 손에도 찰과상을 입었다. 그 당시 그녀는 두 가지 선택을 할 수 있었다. 첫째, 주관 제작사를 욕하고, 그들을 고소한다. 그녀는 두 번째 선택을 했는데, 그녀는 자기 혼자 조용히 병원에 가서 치료를 끝낸 뒤 메신저로 우리에게 상황을 이야기했다. "크게 다친 것은 아니고, 찰과상일 뿐이니, 마음에 두지 마세요. 오늘 프로그램은 정말 잘 됐고, 즐거웠습니다. 주관하는 측도 즐거우셨나요?" 그녀는 정말 착하지 않나? 제작사 측에서는 다음 번 활동도 그녀와 하고 싶지 않을까? 맞다. 일은 이미 그렇게 되었고, 넘어져서 다친 일은 이미 변할 수 없다. 그러면 그것을 서로에게 좋은 일로 바뀌게 해야 한다. 주관하는 측은 송구스러운 마음에 그 다음 날 뉴스에 그 여배우의 투철한 직업의식을 칭찬하고, 예능인과 주관사 측이 서로 이해하고 용서한 것을 칭찬했으며, 협력할 수 있는 기회를 늘렸다. 이것이 비로소 똑똑한 방법이다.

위에서 말한 것 다 이해가 됐을까? 이미 저질러진 일, 다시 되돌릴 수 없는 잘못은 그것을 좋은 일로 바뀌게 하자. 헤어지고 싶지 않다면, 제멋대로 일을 크게 벌이지 않아야 한다. 일이 소란스러워지면, 반드시 당신이 해야 할 일이 무엇인지를 정확하게 생각하고, 다시 해야 한다. 다시 한 번 반복해서 신신당부한다. 연애하는 것도 머리를 써야 한다. 오늘 당신은 머리를 썼는가?

상대방의 감정을
상하게 하는 말

내가 편지에서 자주 받는 질문은 "어떻게 우리의 감정이 소원해졌을까요?", "왜 그 사람이 나를 더 이상 사랑하지 않는 것처럼 느껴질까요?" 같은 것들이다. 열렬히 사랑한 직후를 제외하고는 머릿속에 도파민이 더 이상 분비되지 않는데, 당신이 자주 무심코 뱉은 말이 연인 사이의 감정을 상하게 하고 있다.

그렇다면 연애할 때 되도록 하지 않아야 할 말에는 무엇이 있을까?

1. "어떻게 이런 실수를 또 해?" 어쩐지 익숙한 말이 아닐까? 어렸을 때 엄마에게 귀에 못이 박히도록 들었던 잔소리와 비슷하지 않나? 이 말을 들었을 때 처음에 어떤 기분이 들었나? '맞아. 내가

뭘 또 잘못했을까?'이다. 이런 말을 듣고 나면, 반발 심리가 생기기 쉽다. 원래 그는 혼자서 몰래 반성하고 있었을 것이다. '에휴, 내가 어쩌다 또 이런 실수를 했을까? 아내한테 너무 미안하네.' 그러나, 이런 질책을 들은 후에는 오히려 반감이 생겨서, "당신은 모든 일에 완벽해? 그렇게 잘났으면 당신이 해!"라고 되받아 칠 수도 있다. 앞에서도 이야기했듯이, 남자 친구가 잘못했을 때, 잘못은 이미 저질렀고, 결과는 이미 되돌릴 수 없으니, 그를 질책하는 것은 아무 소용이 없다. 차라리 옆에 앉아서 그를 위로하며 "누구나 실수할 수 있지 뭐. 괜찮아요."하고 위로하는 편이 훨씬 낫다. 이런 위로를 들으면 그는 더욱 당신을 사랑하게 될 것이다.

2. "왜 나한테 못되게 굴어?" 어떤 학생이 손을 들고 말했다. "선생님, 그 말은 전에 만능 문장으로 가르쳐주시지 않았나요? 남자 친구와 다툼이 생겼을 때 이 말 한 마디면 상황이 끝난다고 말이에요. 그 말이 바로 '자기 정말 못됐어.'였잖아요. 이건 서로 모순되는 것 아닌가요?" 아니다. '자기 정말 못됐어.'는 애교부리는 말이고, "왜 나한테 못되게 굴어?"는 질책이다. '자기 정말 못됐어.'는 어린 여자 아이가 억울해서 무서움을 느끼는 것에 대한 표현이고, "왜 나를 괴롭혀?"는 아줌마가 소매를 걷어 올리고 손찌검하려고 하는 것 같은 것이다. '자기 정말 못됐어.' 다음에는 "내가 잘못한 거 알아."가 나오고, "왜 나한테 못되게 굴어?" 다음에는 "넌 네가

누구라고 생각해?"가 이어진다. 무슨 치이인지 일 수 있는가?

3. "생각 좀 해봐. 네가 버는 돈이 유명 작가의 개만큼도 못된다고." 이 책의 처음부터 내가 반복해서 강조했던 것이 있었는데 그것이 뭘까? 남자가 얼마나 체면을 중시하는지, 자존심이 얼마나 강한지이다. 중요한 순간에 당신의 콧방귀 뀌는 소리가 그의 얼굴을 못 들게 할 수도 있다. 이 말의 살상력은 그를 발로 짓밟아버리는 것과 같다. 입장 바꿔 생각해보면, 학생일 때 아빠 엄마가 '다른 집 아이'와 당신을 비교했을 때 얼마나 싫어했나? 그런데 어떻게 성인이 되고 나서 자신이 가장 듣기 싫어했던 말을 다른 사람에게 해대는 사람이 되었을까? 사실, 당신이 비교를 하고 싶다면, 한결같이 말을 아름답게 해야 한다. "화이트데이에 샤오리는 꽃을 받았는데 나는 자기를 받았네요." 예를 들어 그가 "당신 동료 샤오왕 남편은 나보다 많이 벌지? 나랑 사느라 자기가 정말 고생이 많다."라고 말한다면, 당신은 "무슨 고생! 내 남편이 샤오왕 남편보다 잘생겼잖아요."라고 말할 수 있다. 모두가 반드시 기억해야 할 원칙은 '샤오왕의 남편이 아무리 돈을 많이 벌어도, 당신에게는 1원 한 장도 줄 수 없고, 당신과 전혀 상관이 없다는 것이다. 그러나 자신의 남편을 기쁘게 해주면, 당신은 행복하게 살 수 있다.' 이 정도면 이해가 될까?

4. "그래도 남자라고.", "당신이 뭘 알아! 당신이 새로운 것을 말할

수 있어?", "당신은 이런 것도 못해?" 이런 말이다. 이 말들이 모두 진심이라는 것을 알고, 내 마음속에서도 이런 OS(운영체제)가 있기는 하지만, 이런 말을 좀 더 듣기 좋은 말로 바꿔서 하는 게 어떨까? 아무리 무능한 남자라도 이런 말을 들으면 속으로 당신을 욕할 것이다. 이런 말은 이렇게 바꿀 수 있다. "지금 그 말 전에도 했던 이야기인 거 알아요? 좀 신선한 이야기 듣고 싶다. 못한다고? 어떻게 하죠? 난 당신한테 전부 기대고 있는데, 당신도 못하면, 내 마음이 정말 괴롭네요."

5. "자기 위해서 그랬던 거잖아." 이 말은 적나라한 도덕적 굴레이다.

"너를 위해서가 아니었다면, 내가 사직하고 전업주부로 살지 않았을 텐데, 원래 나는 과장으로 승진할 거였다고.", "당신을 위해서가 아니었다면, 내가 어떻게 그렇게 좋은 기회를 포기하고, 이런 중소 도시에 왔겠어?", "당신을 위해서가 아니었다면, 내가 전 남친과 헤어질 수 있었겠어? 그 사람은 최고급 외제차를 샀다고!"

이런 말들에 대해서는 사실 한 가지 대답만으로 당신이 피를 토할 정도로 화나게 할 수 있다.

"내가 억지로 시켰어? 당신이 원해서 한 거잖아."

우리는 모두 성인이기 때문에, 자신의 선택에 대한 책임을 지는 것이 당연하다고 생각한다. 그러면, 이런 말은 어떻게 표현해야 남자들이 당신의 희생에 대해 감격하고 미안한 마음을 가지게 할 수 있을까?

"내가 한 선택에 대해 한 번도 후회한 적이 없었고, 자기를 믿고 즐겁게 왔어요. 만약 또다시 선택하라고 해도, 나는 같은 선택을 할 거예요."

꼭 이렇게 말해야 한다. 왜냐하면 당신이 다시 선택할 기회는 없을 것이고, 만약 진짜 있다고 해도, 어떻게 선택할지는 그때 생각하면 된다. 지금은 이미 이렇게 되었으니, 당연히 상대가 듣기에 좋게 말해야 한다. 어쨌든 당신도 돌아갈 수 없고, 마음을 다해 상대를 대하면 남자도 당신을 가슴 절절하게 사랑하게 할 수 있게 된다.

예의는
영원히 옳다

내게는 특별히 예의라고는 찾아볼 수가 없는 친구가 있는데, 매번 다른 사람에게 어떤 일을 부탁할 때마다 "어쨌든 너 별일 없으니까, 우리 엄마 배웅하러 공항에나 가자.", "네 아이패드 놀고 있잖아. 내가 좀 가져가서 쓰자." 이런 식으로 말한다. 반대로 생각하면 그가 당신을 도와주는 것 같다. 비록 결국 나도 그를 도와주기는 하지만, 마음은 너무 너무 불편하다. 좋다. 당신은 내가 유리 멘탈이라고 말할 수도 있다. 하지만 더없이 좋은 친구일지라도, 더없이 친밀한 애인 사이에도 예의는 필요하다.

어쩌면 당신은 린즈링이 가식적이라고 생각할 수 있다. 하지만 그녀와 함께하면 정말 봄바람을 맞는 것 같다. 당신의 친구가 당신의 새로운 헤어스타일을 보고 "맙소사, 디자이너가 눈이 멀었냐?"라고 말하길 바라나? 아니면 가식인 것 같기는 하지만 영원히 당신에게 계단을 내어 주고, 당신에게 울타리가 되어 주는 사람과 함께하길 바라나? 어떤 사람이 물었다. "남자 친구에게도 이런 게 필요한가요? 서로 너무 익숙한데, 오글거리고, 억지스럽지 않을까요?" 이런 것들은 전혀 억지스럽지 않다. 만약 당신이 우리는 이미 사귀는 사이라서 이런 것들을 조심할 필요가 없다고 생각한다면, 그것은 아주 위험할 수 있다.

이 세상에서 아빠 엄마 외에 어떤 사람도 당신에게 잘해줄 의무가 있지 않다. 이 세상에서 당신을 사랑하고, 당신을 돌봐주는 사람이 있다면, 복이 있는 것이고, 마땅히 감사해야 하고, 마땅히 더욱 귀하게 여겨야 한다.

내가 늘 감정에도 지켜야 할 것이 있고, 마음에도 경영이 필요하다고 말하지 않았나? 예의를 지키는 것도 그 중 한 가지이다. 사실 사람의 본능은 변할 수 없다. 예의를 지키는 말, 사양하는 말을 들으면 누구나 마음이 즐거워질 것이다. 입장을 바꾸어 생각하면, 만약 당신의 남편이 당신이 매일 밥해주는 것을 당연한 것으로 생각한다면, 당신은 즐거울까? 당신은 분명히 그가 식사를 다 한 뒤 당신을 꼬옥 안아주며 "나는 정말 무슨 복인지 몰라. 이렇게 현숙하고 아름다운 아내를 얻다니 말이야."라고 말해주길 바랄 것이다. 남자도 똑같다. 아주 간단하지만 달콤한 말이 두 사람의 사랑을 계속 신선하게 유지하게 할 수 있는데 굳이 안 할 이유가 있을까?

우리에게는 다음의 몇 가지 주의해야 할 것이 있다.

1. 존중. 남자 친구가 당신의 일을 돕게 하고, 상대방을 번거롭게는 하지만 너무 심하지 않을 것을 전제로 한다. 예를 들어, 전화를 할 때도 지금 통화하기 괜찮은지 아닌지를 먼저 물어야 한다. 그가 출근 시간에 늦었다면, 당신은 택시를 타고 혼자 갈 수 있고, 그가 꼭 데려다 줘야 하는 것은 아니다. 그가 식사에 초대했는데, 한 사람을 더 데리고 가야겠다면, 반드시 먼저 말하고 양해를 구해야 한다. 당신이 친구를 데리고 집에 올 때도 그에게 먼저 알려주는 것이 가장 좋다.

2. 감격. 아무리 작은 일이라도, 그가 도와줬거나, 아니면 그가 특별히 훌륭하게 해주었다면, 칭찬하는 데 인색하지 말고, 만 배로 과장하여 칭찬해도 상관없다. 그는 자신이 정말 가치 있는 일을 했다고 생각할 것이고, 다음번에도 계속 노력할 것이다. 오는 길에 작은 선물을 가져왔을 때도 당신이 정말로 좋아하는 것을 보면 그는 계속 사올 것이다. 전에 사귀던 남자 친구가 한 번은 우리 두 사람이 배고파 죽을 지경일 때, 바깥이 너무 더워서 나가기 싫었

기 때문에, 집에서 밥을 해줬다. 사실 정말 맛이 없었지만, 난 다 먹었을 뿐 아니라, 모든 요리가 식당의 수준과 거의 비슷하다고 열렬하게 칭찬을 해줬다. 그는 비록 나더러 입에 침이나 바르고 거짓말하라고 말했지만, 그래도 정말 기뻐하는 것 같았다. 그 이후에는? 그는 계속해서 밥하는 데 너무나 열중했고, 수준이 정말 갈수록 높아졌다. 이런 선순환이 바로 우리가 원하는 것이다. 그렇지 않을까?

3. 용서. 실수를 안 하는 사람은 없다. 원칙적인 잘못이나, 당신이 참을 수 있는 한계선을 건드리는 잘못이 아니라면 큰일을 작게 만들수 있고, 부드럽게 말할 수 있다. "아이, 바보같이." 남자는 체면을 중요하게 생각하므로, "자기 또 틀렸네."라고 말하면 안 된다. 그들에게는 이미 엄마가 있으니, 엄마가 한 명 더 있을 필요는 없다.

말다툼의 의미

모든 여성은 남자 친구와 싸워 본 경험이 있을 것이라고 믿는다. 싸우다 싸우다 헤어지는 커플도 많다. 이번에는 여러분에게 무엇이 정확한 말다툼이고, 우리에게 왜 말다툼이 필요하며 말다툼에 어떤 결과가 필요한지를 이야기하려고 한다.

여러분은 말다툼이라는 것이 상대방의 잘못을 지적하려는 것이 아님을 반드시 기억해야 한다. 왜냐하면 당신의 감정이 격앙되었을 때는 아무리 당연한 도리도 남자 때문에 받아들이기가 힘들기 때문이다. 싸우는 것도 서로의 감정을 드러내기 위해서가 아닐까? 왜냐하면 싸우는 도중 감정은 과장되기 마련이고, 이성도 잃어서, 사람들은 늘 후회할 말을 한다. 다투는 목적은 남자에게 이 일이 매우 심각하며, 당신이 참을 수 있는 한계선을 건드렸다는 것을 알려주려는 것이다. 마치 애완견을 교육시킬 때처럼 애완견이 이해하기를 바라는 것이 아니라 다시는 그렇게 하지 않도록 방지하는 것이다.

남자는 연인과 사귈 때 어린아이처럼 당신이 어디까지 참는지를 조금씩 떠보는 경우가 있다. 예를 들어 사흘 동안 양말을 갈아 신지 않았을 때, 당신이 그냥 가져다가 세탁기에 넣기만 하는지, 그를 더럽다고 욕하는지에 따라 다음에 이렇게 해도 될지 안 될지를 가늠한다. 그가 계속 게임만 하고, 당신이 불러도 대꾸도 안했을 때, 당신의 안색이 어두워지면, 그는 앞으로는 당신의 기분을 살펴야 한다는 것을 알게 된다. 그와 전 여친이 계속 연락을 하고 있을 때, 당신이 불같이 화를 낸다면, 그는 '아, 원래 이 일은 원칙의 문제이구나. 다시는 연락하지 말아야겠다.'는 것을 알게 된다. 따라서 이것이야말로 우리가 말다툼하는 목적이다.

이제 목적이 분명해졌으니, 우리는 반드시 냉정해야 하고, 전략이 있어야 하고 단계가 있어야 한다. "화가 나서 다툴 텐데, 어떻게 냉정할 수 있죠?" 이렇게 질문할 수도 있다. 맞다. 그래서 내가 여러분에게 알려주고 싶은 것은 화가 났을 때는 싸우지 말고, 콘서트에 가서 소리를 지르거나, 슬픈 영화를 보고 울거나, 길가에 서 있다가 빨간 불이 켜진 것을 보고 돌진해서 그를 잘 훈련시킨다. 그러나 절대로 이러한 건강하지 않은 감정을 자기의 애인에게 쏟아놓아서는 안 된다.

그래서 당신이 감정적으로 흥분하고, 마음속에 천만 마리 말들이 우르릉 쾅쾅하고 지나갈 때, 바로 전화를 끊거나 몸을 돌려 그 자리를 떠나, 먼저 냉정해진 뒤, '충동은 마귀이다.'라는 말을 마음속에 새긴다. 마음이 평온해질 때까지 기다렸다가 이 문제의 핵심을 알고 나서 감정을 가다듬고 가서 싸운다. 솔직한 심경으로 가서 싸우지 않아야 한다. 여자의 상상력은 아주 크기 때문이다.

좋다. 그러면 다툴 때 우리는 무슨 말을 해야 할까?

step 1. 화나는 감정을 상처받은 것으로 전환시킨다. (남자는 동정에 약하다는 것을 영원히 기억하라.) "그 여자랑 아직도 연락을 하고 있다니, 내 마음이 정말 힘드네요." 이 단계는 싸움에서 가장 재미있는 단계로, 인생이라는 큰 무대에서 당신은 모든 멜로드라마에 나오는 여 주인공의 현신이다. 머리를 엉클어뜨리고 가슴을 쓸어내리며, 창가에 숨어서 조용히 눈물을 흘리고, 욕실에 피로 '원망'이라는 글자를 쓰는 등. 단, 수위 조절에 주의하여 코미디로 만들지는 않아야 한다. 어쨌든 중요한 점은 '울어라!' 온 천하가 당신을 저버렸다! 이 때, 남자의 반응은 보통 설명하는 것만 남는다. "자기가 생각하는 것이랑은 달라. 사실 그녀가 나한테 도움을 청한 것뿐이라고……."

step 2. 고개를 들고, 눈물이 그렁그렁한 채로 그를 바라보며 적당한 때에 목선을 쓸어내린다. "그럼 앞으로는 그 여자랑 연락하지 않을 수 있어요? 내 마음이 정말 많이 아파요." 그의 손을 자신의 가슴에 끌어당긴다. 이 때, 남자의 반응은 기본적으로 미안해하며, 다른 생각은 안하겠다고 약속한다. "내가 잘 못했어. 허니, 자기가 더 중요해." 이 단계가 매우 중요하니, 무시하지 마라. 많은 싸움이 왜 흐지부지될까? 왜냐하면 남자는 당신이 무엇을 원하는지 모르기 때문이다. 그래서 다툴 때는 설명서처럼, 명확한 지시를 해야 한다. "절대로 그 여자랑은 다시 연락하지 말아요.", "10시 이후에는 게임할 수 없어요.", "매일매일 꼭 설거지해야 해요." 그러나 비꼬거나 부정적으로 해서는 안 된다. "그 여자랑 문자 주고받고 아주 좋았겠네.", "게임이 나보다 훨씬 매력 있나봐", "자기 스스로는 한 번도 집안 일 해본 적 없잖아." 도리를 이야기하는 것은 더 안 된다. 모든 이유는 '당신이 이렇게 하지 않으면 내 마음이 상처를 받을 것이다.'이어야 한다.

step 3. 옷깃을 세우고, 그의 손을 떨어뜨린 뒤, 보상 요구를 제시한다. 남자의 주의력이 당신의 가슴에 있을 때는 머리에 산소가 부족해져서 바보가 된다. 이 때, 긴 머리를 쓸어 올리고, 허리를 흔들며 그의 몸에 기대어 "내 마음이 여전히 허전한데, 가방 하나면 마음이 꽉 차게 될 것 같네." 이 때, 그들은 분명히 말할 것이다. "그래, 그래! 사! 사자고!" 물건을 원하는 게 나쁘다고 생각해서도 안 되고, 당신이 돈만 아는 것처럼 보여서도 안 된다. 이것은 그들이 잘못을 저지른 대가이며, 대가가 없으면 어떻게 잘못을 저지르지 않아야겠다는 것을 기억할 수 있겠는가?

step 3을 완료하면 성공한 싸움이 완성된 것이다. 이 일은 책장이 넘어갔다. 절대로 옛일을 들춰볼 수 없다. 이번에는 난이도가 비교적 높고, 알아야 할 것도 비교적 많았다. 여러분 모두 잘 학습하고 여러 번 보기를 바란다. 한 마디 말로 여러분에게 정리해주겠다. 어떤 일을 하든지 머리를 써야 하고, 입을 열어 남을 욕하고 나서 속이 시원해진 것으로 되었다고 생각하면 안 된다. 만약 당신이 당신의 사랑을 더욱 순조롭고, 더욱 아름답게 만들기를 바란다면 마음을 써서 경영하고, 모든 다툼이 헛일이 되지 않도록 해야 하며, 적어도 소비라도 해야 한다.

냉전 종식의
비법

많은 경우, 우리는 냉전 중일 때 상대방이 고개를 숙일 때까지 반드시 참아야 한다고 생각한다. 그러나 상대방이 고개를 숙이지 않으면 어떻게 해야 할까? 당신은 정말 이렇게 헤어져도 아깝지 않은가? 먼저 가서 화해하는 것은 체면이 서지 않는 것일까? 이에 관련된 내 주변 친구들의 예를 공유하고자 한다.

첫 번째 방법은 내 친구 치치의 예이다. 그녀는 성격이 강하고 고집이 무척 세서, 냉전 중에 고개를 숙이기가 어려운 사람이다. 그녀의 방법은 입을 열지 않고, 행동하는 것이다. 그녀와 남자 친구의 냉전이 끝나는 것은 3일째(맞다. 중간에 하루를 건너뛰어 냉정해진다) 되는 날의 아침이다. 그녀는 남자 친구의 집에 쳐들어가, 설거지를 하고, 집안일을 하며, 한 마디도 하지 않는다. 남자 친구는 계속 강아지처럼 그녀의 엉덩이 뒤를 따라다닐 것이다. 남자 친구가 뭐라고 말하건 간에 그녀는 대꾸도 하지 않는다. 그녀가 집 전체를 깨끗하게 치우고 나면(약 40분에서 1시간), 그녀는 앞치마를 벗고, 손을 잘 씻고, 나갈 준비를 한다. 이 때, 남자 친구가 그녀를 껴안고, 그녀를 못 가게 하며, 잘못을 인정하거나 자상하게 위로하는 등의 행동을 한다. 어쨌든 결국은 화해한다. 이런 기법의 비결은 집안일을 하는 과정에서 평화롭고 세밀해야 하며, 퉁탕거리거나 대충대충 해서는 안 된다. 침묵은 남녀 모두가 똑같이 아주 잘 사용하는 무기라는 것을 기억하라.

두 번째 방법은 재연법이다. 내 다른 친구인 위엔위엔의 예이다. 그녀는 매번 냉전이 끝나기까지 하루에서 이틀이 걸린다. 그리고 나서 직접 남자 친구의 집에 가서 그들이 당시 냉전이 일어나게 했거나 싸웠던 일을 다시 한 번 재연한다. 어떤 동작을 하거나 어떤 말을 할 때, 그녀는 감독처럼 소리친다. "컷! 바로 이 말이 나를 화나게 했어!" 동시에 남자 친구의 발언을 허락한다. 그러면 그는 위엔위엔이 했던 어떤 말 또는 어떤 사건이 싫었다고 이야기한다. 두 사람은 사건을 분석하는 것처럼 이 일을 매우 분명하게 분석하기도 하고, 연기하는 과정에서 웃음보가 터져서 더 빨리 화해하기도 한다. 보통 마음먹고 앉아서 싸웠던 상황을 재연하는 두 사람은 재미있어서 더 이상 싸울 수가 없다. 그러나 이런 방법은 연애 초기에 남자 친구와 상의하고 해야 효과적일 것이다. 왜냐하면 문제를 잘 해결할 수 있는 정말로 재미있는 방법이기 때문이다.

세 번째 방법은 드라마틱한 요소는 떨어지는데, 바로 모든 여성이 응용할 수 있는 도움을 청하는 방법이다. 그가 만약 3일 동안 당신에게 연락이 없다면, 당신은 메신저나 문자를 보내 그에게 어떤 일에 대해 이야기한다. 그 일은 당신들이 싸우거나 당신들의 감정과는 전혀 관계가 없는 일이어야 하는데, 가장 좋은 것은 업무나 다른 친구와 관계된 일이다. 내가 먼저 당신에게 화해를 청하려고 이야기하는 것이 아니라, 어쩔 수 없이 도움을 요청해야 해서 연락한 것처럼 보여야 한다. 이 방법의 목적은 먼저 국교를 회복하는 것이다. 국교를 회복하고 대화가 정상이 되면, 두 번째 단계로 넘어가야 하는데, 바로 질투 작전이다. "며칠 자기랑 이야기 안했더니 변심했어?", "며칠 동안 나를 모른 체하더니 뭐 좋은 일 있나 보지?", "어떤 여자가 이 기회를 틈타 자기한테 작업 걸었어?" 같은 질문을 하면서, 상대방이 자신에게 무관심했던 것들에 다른 이유가 있어서 그런 것처럼 질투하는 것이다. 국교를 회복한 후, 다시 질투를 하면, 감정은 순식간에 돌아온다. 조심해야 할 것! 잠깐 동안은 옛날의 일을 넘겨보지 않아야 한다. 만나서 밥을 먹고, 두 사람이 앉아서 마음을 이야기할 때 비로소 눈물을 뚝뚝 흘리며 말한다. "며칠 동안이나 나를 상대도 안 해주다니, 나쁜 사람!" 이렇게 하면 감정이 계속 고조될 것임을 보증한다.

사실 나는 냉전을 권하지 않는다. 오늘 일은 오늘 끝내야 한다. 의견이 맞지 않아도 그날 바로 화해하는 것이 가장 좋다.

내 남자가
가장 사랑하는 사람은
도대체 누구

남자의 마음속에서 가장 잊기 어려운 사람은 누구일까? 계속 생각 해봐도 이 문제에 대해서는 여러분들이 방대한 멜로물에 피해를 당 한 것 같다. '남자의 마음속에는 영원히 그의 첫사랑이 자리 잡고 있다.', '반드시 한 사람은 그가 평생 동안 잊을 수 없는 사람이다.' 등등. 많은 여자 아이들은 내 남자인 그가 도대체 누구를 가장 사랑 하는지를 궁금해 할 것이다.

내 친구 중에 유부남과 사귀었던 친구가 있었는데, 결국 남자는 그녀를 떠나 가정으로 돌아갔다. 남자가 그녀에게 말했다. "나는 자 기를 가장 사랑해. 하지만 나는 가정을 지킬 책임이 있어. 아이들이 아빠 없이 살게 할 수는 없거든." 내 다른 친구 한 명은 남자 친구에 게 차였는데, 남자가 말했다. "내가 가장 사랑하는 사람은 너야. 하지만 나는 그녀와 꼭 결혼해야 해. 왜냐하면 내가 그녀를 받아주지 않으면, 엄마가 나랑 의절할 거야." 내 세 번째 친구는 남편과 이혼했는데, 남편이 한 돈 많은 부인과 좋아져서는 그녀에게 말했다. "내가 가장 사랑하는 건 당신이야. 단지 더 좋은 생활을 위해 그녀와 같이 있으려는 거야. 그녀는 아무것도 당신보다 나은 게 없어." 그녀들은 진지하게 남자가 가장 사랑하는 사람이 자신이라고 생각한다. 그 마음은 충분히 이해가 되며, 이렇게 생각하는 것은 그녀들이 삶에서 가장 아픈 시간을 지날 때 도움이 될 것이다.

그러나 사실 내가 말하려고 하는 것은 매우 잔혹한 사실, 남자가 가장 사랑하는 것은 그 자신이라는 것이다. 위의 세 가지 예에서 여자는 단지 그에 의해 희생당한 일부분이다. 왜냐하면 사회의 압력을 두려워해서 가정으로 돌아가는 것을 선택했고, 가정의 압력이 무서워서, 부모가 선택해놓은 반려자를 선택했으며, 경제적인 압력 때문에, 돈 많은 부인을 선택했다. 그가 가장 사랑하는 사람이 어떻게 당신일 수 있겠나? 당신은 두 번째 순위에도 오르지 못할 것이다. 갖가지 압력에 직면했을 때, 그는 결코 당신과 함께 마주하고, 함께 감당하는 것을 선택하지 않았고, 자기에게 압력을 덜어주기 위해 모든 고통을 당신에게 던져놓았다.

마지막 친구는 인정하지 않고, "아니지. 그 사람은 단지 그녀의 돈을 사랑했을 뿐이고 진정으로 사랑한 것은 나야."라고 말했다. 돈은 영원히 혼자서 존재할 수 없다. 만약 그가 돈을 사랑한다면 그는 자기 스스로 벌었을 것이다. 돈이 많은 여자는 돈도 그녀의 특징 중의 일부이다. 예쁜 여자가 예쁜 것이 그녀의 일부분인 것처럼, 당신은 그가 단지 그녀의 예쁜 용모만을 사랑한 것이고, 사랑한 것은 나라고 말할 수 없다. 그가 돈 많은 부인을 선택한 것은 그가 사랑한 것이 바로 그녀이기 때문이다.

여러분은 반드시 기억해야 한다. 남자가 누구와 함께 할지를 선택하는 것은 바로 그 누구를 가장 사랑한다는 것이며, 예외는 없다. 그래서 만약 남자가 당신 곁에 있다면, 당신은 그의 마음속에 다른 사람이 있는 것은 아닌지 염려하지 마라. 있다고 한들 뭘 할 수 있을까?

아주 행복한 생활을 하고 있는 친구가 있는데, 그녀가 내게 말했다. 그녀는 그녀의 남편이 가장 사랑하는 것이 자신이 아닌 것을 분명히 알고 있다. 그녀를 만나기 전에 남편에게 아주 격정적이었던 로맨스가 있었는데, 결국 그 여성이 외국으로 시집가 버려서 실패로 끝나고 말았다. 그러나 내 친구는 전혀 개의치 않고, 그 사람이 자신의 곁에 있기만 하면 됐다고 생각한다. 남자는, 마음속에서 가끔 백장미, 홍장미 이런 것들을 추억하지만 마음대로 하라고 두자.

사랑의 진수는 바로 여기에 있다. 보고도 못 본 체하는 것을 배우는 것이다. 스스로 긁어 부스럼 만들지 말고, 이 순간 그가 당신 곁에 있다면, 가장 사랑하는 것은 바로 당신이다.

부정적 에너지는
버리는 걸로

한 친구는 특별히 불평하기를 좋아하는 유형에 속한다. 예를 들어 매번 밥을 먹기로 약속을 정하면, 그녀는 늘 늦고, 도착한 후에 첫 마디가 미안하다가 절대 아니고, "내가 너한테 베이징의 교통이 끝장이라고 말했잖아! 매번 나올 때마다 몇 시간이 걸린다고. 난 정말 참을 만큼 참았어."이다. 이런 말을 듣고는 이어서 말을 하기가 어려운 것이 그녀와 약속해서 부른 우리가 잘못한 것처럼 느껴지게 되기 때문이다.

요리가 나오고, 모두가 즐겁게 음식을 먹는데, 그녀 혼자서만 젓가락으로 요리를 뒤적거리며 "너희들은 정말 이게 맛있어?"라는 것이다. 우리는 서로 얼굴만 쳐다보며, "농촌 여행이잖아. 괜찮은데 뭘. 그럼 만한전석이라도 나오는 줄 알았어? 다 같이 풍경 보려고 나온 거 아니야?" 그녀는 젓가락을 내려놓고, 어깨를 으쓱거리며, 이해할 수 없다는 듯이 "너희가 좋다니 됐어."라고 한다.

그녀가 계속 이런 식으로 한다면 우리가 나와서 밥을 먹고, 노래를 부를 때 다시는 그녀를 부르기가 싫을 것 같다. 모든 사람이 각자의 자리에서 필사적으로 노력하면서 살고 있는데, 누구는 스트레스가 없고, 누구는 다른 사람의 눈치를 안 보며, 누구는 베이징 거리에서 몇 시간이나 막혀 꼼짝도 못하지 않아봤을까? 심지어 비가 많이 내릴 때 네다섯 시간 동안 택시를 못 잡아 봤을까? 그러나, 누가 또 얼마나 다른 사람의 불평 듣기를 좋아할까? 원래는 기분이 괜찮았거나, 기분이 좋았다가도 다른 사람의 불평을 끊임없이 듣게 되면 그 영향을 받아 덩달아 기분이 안 좋아지기 마련이다.

전에 만나던 남자 친구는 모든 조건이 좋았다. 외모든 수입이든 모두 일등 중의 일등이었는데, 걸핏하면 불평을 해댔다. 매일 저녁 통화하면서 적어도 두 시간은 불평만 하는 것이다. 어느 날, 더 이상 참을 수가 없어서, 전화에 대고 욕을 했다. "누가 자기감정의 쓰레기통하고 싶대? 어쩌다 한두 번 불평하는 것은 누구라도 받아줄 수 있지만, 매일매일 여기 와서 하소연하는 것처럼 하면 정신과 의사도 돈 받아야 해줄 거야." 그리고 며칠이 지난 뒤, 나는 그의 메신저 상태 메시지가 이렇게 바뀌어 있는 것을 발견했다. "세계에서 유일한

한 송이 고독한 꽃, 진정 나를 이해하는 사람은 아무도 없다." 당시 나는 '아, 헤어진 게 정말 다행이다'라고 생각했다.

어떤 사람이 내게 물었다. "그러면 걱정이 있거나, 즐겁지 않은 일이 있을 때 가장 사랑하는 사람과 함께 나누지 않아야 하나요?" 확실히, 어쩌다가 불평하는 것은 괜찮고, 또 상대방이 당신은 연약하고 힘이 없으니 보호가 필요하다고 생각해서 영웅이 미인을 구한다는 느낌이라면 괜찮다. 중요한 점은 횟수에 있다. 나는 한 달에 한 번 정도가 좋다고 생각한다. 가끔 하는 불평은 두 사람의 감정에도 도움이 된다. 중요한 것은 그가 당신을 위로해 주면, 당신은 반드시 이런 태도를 보여주어야 하는 것을 기억해야 한다는 것이다. 답답했던 마음이 탁 트인 듯이, 인생의 새로운 지경을 발견한 듯이 "와, 자기는 정말 멋져요. 내 인생의 난제를 해결해주다니!" 이런 반응을 보여주어야 한다. 그렇지 않으면 한 사람이 당신을 저녁 내내 위로해 주었는데, 당신은 여전히 답답하고 우울해 있어서, 다른 사람이 눈치를 보게 하는 것은 상대방이 저녁 내내 헛일을 한 것과 같다.

내가 아는 아줌마는 특별히 매사가 마음에 들지 않는 분이다. 예를 들어 딸이 결혼을 안 했으니, 그녀는 불효라고 생각한다. 딸이 결혼을 했지만, 아이를 낳지 않았어도, 또 불효라고 생각한다. 아이를 낳으니, 딸과 사위가 맞벌이를 해서 그녀가 아이를 돌봐줘야 해서 너무 고생스럽다고 생각하며, 딸은 여전히 불효녀이다. 이것은 정말 일종의 피해망상증이다. 부정적인 에너지를 내보내기를 좋아하는 사람은 아마도 온 세상이 영원히 자신에게 빚을 졌다고 생각하며, 빌 게이츠의 딸로 환생한다고 해도 자신이 오드리 햅번의 용모가 아니기 때문에 세상이 불공평하다고 생각할 것이다.

그렇다면 기분 나쁜 일이 있을 때는 참고 있어야만 할까? 아니다. 왜 당신은 그렇게 많은 안 좋은 일에 스스로 계속해서 매달리나? 다 큰 어른인데 기분 나쁜 것을 스스로 소화해서 처리하지 못하고 여러 사람들에게 전염시키다니 공덕심이 없는 것인가? 기분 나쁜 일을 말로 해버리면 일이 해결될 수 있을까? 만약 그럴 수 없다면 왜 이야기해야 할까? 심지어 왜 해결할 수도 없는 일 때문에 기분 나빠야 하느냐고도 말한다.

마찬가지로 내 친한 친구 이슈는 앞의 아주머니와는 전혀 반대되는 사람이다. 한 번은 우리가 둥베이 음식점에 갔는데, 음식이 너무나도 맛이 없었다. 그런데 그 식당의 여주인이 욕쟁이여서, 손님상에 요리를 내면서 동시에 종업원을 욕하는데 욕하는 것이 마치 둥베이 지역에서 유행하는 지방극인 '이인전(二人轉)'을 보는 것 같았다. 우리 둘은 밥 먹는 내내 웃느라 정말 즐거웠다. 사실, 긍정적인 에너지든 부정적인 에너지든 전적으로 당신이 그것을 발견할 수 있는 양쪽 눈을 가지고 있는지 아닌지에 의해 결정되는 것이다.

하루는 겨우 스물 네 시간인데, 당신은 즐겁게 지내기를 원하는지 아니면 고민하며 지내기를 원하는지는 모두 당신 자신에게 달려 있으며, 당신이 기쁨이 넘치는 사람과 지내길 원하는지 아니면 한숨과 탄식만 하는 사람과 지내기를 원하는지도 당신의 선택이다. 그러나 당신이 매일 남의 탓만 한다면, 상대방도 당신을 떠날 권리를 선택할 수 있다는 것을 잊지 마라.

인상 쓰지
마라

내가 매우 좋아하는 미국 드라마 중에 《에브리바디 헤이츠 크리스 (Everybody hates Chris)》가 있는데, 한 에피소드에서 엄마는 두 사람만의 데이트 하기 위해 나가고 싶어 하고, 아빠는 집에 있는 것이 좋고, 돈도 절약된다고 말한다. 엄마는 화가 났고, 저녁밥으로 아이들에게만 치킨을 해주었다. 아빠는 "미안해요 허니, 우리 나가서 데이트 합시다."라고 말한다. 엄마는 바로 싱글벙글하며 말한다. "좋아요. 가요. 허니, 사랑해요." 만약 그 엄마가 예전의 나였다면, 분명히 싸늘하게 대답했을 것이다. "당신이나 가요. 난 이미 갈 마음이 없어졌어요." 이 말은, 반은 진짜이고 반은 아직 화가 났다는 것이다. "당신은 왜 처음부터 내가 만족하게 해주지 않았죠?"

듣기 싫은 말이겠지만 좀 해야겠다. "왜 당신을 만족시켜야 하나?

사랑은 원래 두 사람이 서로 타협하는 것인데, 당신이 진시황인가? 당신을 만족시키지 못하는 것은 죽을죄인가? 그는 이미 잘못을 인식했고, 바로 고쳤으니 좋은 것 아닌가? 당신은 왜 입장 바꿔 생각하지 못하고, 어째서 그가 밥을 집에서 먹고 싶다는 요구는 들어주지 않았나? 남자가 이미 타협을 하면, 바로 받아줘야 한다. 그에게 그가 타협하려는 것이 맞는 것이며, 이후에도 계속 이렇게 해야 한다고 알게 해주는 것이다." 앞에서 말했듯이, 남자의 사고는 아주 간단해서 강아지 같다. 강아지가 잘못을 해서 당신이 때리면, 강아지는 바로 잘못했다는 것을 안다. 강아지가 고쳤는데, 당신이 여전히 때리면, 강아지는 얼떨떨하지 않을까? 강아지의 작은 뇌에서 '또 뭘 잘못했을까? 고친 것도 잘못했나?'라고 생각할 것이다.

만약 당신이 "이젠 그럴 기분 아니에요."라고 말한다면, 남자는 분명히 자신이 거절당했다고 생각하고, '나는 이미 당신 요구에 따라주려고 했는데, 그러면 또 어떻게 하자는 거야?' 하고 생각할 것이다. 다음번에 다시 이런 일이 생기면, 남자는 바로 분석에 들어갈 것이다. '어쨌든 같이 나가서 밥 먹자고 해도 좋아하지 않을 테니, 달래 봐야 뭐 하겠어? 마음대로 하라고 두자.' 이것이 바로 악순환으로 변해버린 것이 아닐까? 이렇게 되는 걸 바라는 건가?

일이 발생한 당시로 다시 돌아가 보면, 그는 자신이 가고 싶지 않다고 의사표현을 했다. 그런데 이 일이 이미 일어났나? 사실 정말로 피곤했을까? 밸런타인데이에는 아마도 밖에 정말 많은 사람들이 줄을 설 텐데 일부러 굳이 오늘 나가서 밥을 먹을 필요가 없다고 생각했을까? 그가 왜 나가고 싶지 않아하는지를 완전히 이해하지 못한 상황에서, 남자가 자발적으로 먼저 당신을 달래준 것은 사실 이미 잘 된 일이다. 다시 반대로 생각해보면, 당신은 그가 자발적으로 당신을 달래주기를 바랐던 것인가? 아니면 서로 아무 말도 하지 않고 혼자서 컵라면이나 끓여 먹으며 인상 쓰면서 텔레비전이나 켜서 하룻밤을 보내고 싶었던 것인가?

따라서 원칙적인 잘못이 아니라면, 남자가 뉘우치고 잘못을 인정하는 행위를 했을 때는 바로 다정하게 응답해야 한다. 작은 일은 이 작은 일에만 국한되어야 한다. yes와 no를 명확하게 표시하는 것이 두 사람의 소통에 특별히 큰 장점이 된다. 당신이 이렇게 하면 나는 화가 난다. 당신이 고치면 나는 기쁘다. 남자에게 명확한 해결 방법을 주는 것은 특히 좋은 일이다. 남자들이 아무것도 모른 채 멍하게 있도록 하지 말고, 당신 자신이 기쁘지 않으면 두 사람에게 좋은 점이 전혀 없다는 것을 기억하자.

아마도 이런 '싸운 후 바로 싱글벙글 웃을 수 있는' 기능을 바로 숙지하는 것은 좀 어려울 수 있다. 그러나 나는 여러분이 '인상 쓰지 않으면, 문제는 해결될 것이고, 그렇게 지나갈 것'이라는 생각으로부터 시작하기를 바란다. 어떤 독자가 "내가 정말 갈 마음이 없어졌는데도, 억지로 가야 하나요?"라고 물었는데, 답은 "가야 한다!"이다. 마음이 있고 말고가 뭐 그리 대단한가. 여러분들은 매일 마음에 없어도 출근하고, 어쩔 수 없지만 잠잠히 버스를 기다리지 않나! 사랑을 경영하고, 가정을 경영하는 것이, 설마 출근보다 더 중요하지 않다고 생각하지는 않을 것이다. 마음이 있고 없고가 뭐 그리 대수라고!

Chapter 8

◆

연인 관계,
오직 여자에게 달려 있다

남자가 당신에게 호감을 가지고 있지만 아직 사귀는 사이가 되지
않았을 때, 그들은 '당신이 무엇을 말하든 다 맞고, 혹시 잘못 말했
더라도 참고할 만한 부분이 있다'고 여기는 증후군을 앓고 있다.
그러나 사귀는 사이가 된 후에는 남자의 그 증후군은 '나는 생각이
없고, 내 생각은 바로 네 생각에 반대하는 것'으로 변할 것이다.

남자를
사로잡을 수 있는
말의 힘

당신이 믿든 안 믿든, 이 세계는 여인에 의해 주도된다. 따라서 두 사람이 사귈 때, 주도권은 여자의 손에 있음을 믿어야 한다. 여기에서 당신이 배워야 할 것은 바로 주도권을 잡는 방법이다.

예를 들어 오늘 친구들과의 모임이 있는데, 남자 친구와 함께 가야 한다면, 어떻게 말해야 남자 친구가 가고 싶어 할까? 어떤 이는 그런 간단한 일에 굳이 고민을 할 필요가 있냐며, 그를 불러서 같이 가면 된다고 말했다. 하지만 남자 친구가 스스로 그 모임에 가고 싶고, 당신 친구들에게 잘 보이고 싶어야 하는 것이지, 그에게 당신을 모시고 가야 하는 임무가 있는 것이 아니라는 것을 기억해야 한다.

우리의 방법은 역시 '비행기태우기'이다. 간절한 말투로 "지난번에 같이 밥 먹었던 에이미 기억나죠? 그 때 자기가 너무 재미있었나

봐요. 오늘 친구들이 모이기로 했는데, 에이미가 당신 칭찬을 하도 해서, 친구들이 보고 싶다고 난리예요. 샤오린은 당신이 자기보다 더 웃긴다는 건 못 믿겠다고 하는 거 있죠? 자기 같이 가줄래요?"하고 말해야 한다.

간단히 공식으로 정리하면 이렇다.

그가 잘하는 일 + 친구들 모두가 매우 환영함 + 초청

똑같은 모임인데, 이번엔 당신이 남자 친구가 같이 가지 않았으면 한다면, 또 어떻게 말해야 할까? 여전히 '비행기태우기' 방법이지만, 다만, 내용은 반대이어야 한다.

남자 친구: 오늘 자기는 왜 가는데?
나: 오늘 친구들 모임이 있는데, 주로 에이미 선물을 뭘로 할까 이야기할 거예요. 자기도 알다시피 에이미가 곧 출산이잖아. 임산부한테 뭘 선물해야 할지 우리도 잘 모르겠어요. 산후조리에 무척 신경 써야 한다더라고요. 나는 영양 크림 사주고 싶은데, 애들이 임산부는 바를 수 없다고, 첨가제가 들어 있다나 뭐라나. 정말 까다로운 거 있죠? 자기도 같이 갈래요?"

남자 친구: 그럼 자기만 다녀와. 나는 집에 있든지 오랜만에 친구 만나서 놀게.

간단히 공식으로 정리하면 이렇다.

절대로 흥미를 못 느낄 화제 한 가지 + 순서 없는 중언부언 + 초청

말만 잘해도 쉽게 주도권을 잡을 수 있음을 이제 좀 알 것 같나?

또 많은 여성들이 내게 이야기하는 것은 만나는 남성이 모두 마마보이로, 엄마 말만 듣는단다. 이때는 당신이 그를 세뇌시킬 필요가 있다. 당신 주변에 혹시 이런 여성이 있을까? 분명히 생긴 건 보통인데 자신감으로 꽉 차서, 자신을 미녀로 자처하며, 모든 사람에게 자신이 미녀라고 말하는 사람 말이다. 시간이 오래 지나면, 당신도 모르게 이 사실을 받아들이게 되는데, 이것이 바로 세뇌이다. 따라서 당신은 남자 친구에게 다음의 내용을 반복해서 계속 이야기해줘야 한다.

"당신이랑 평생을 함께 할 사람이 누구죠?"

"평생 동안 자기와 함께할 시간이 가장 긴 사람은 누구죠?"

"누가 당신 생활 속에서 가장 중요한 사람이죠?"

"누가 당신이 노력해야 할 목표죠?"

반복해서 말하고, 끊임없이 이야기하고, 그가 진리라고 느낄 때까지 이야기해야 한다. 특히 남자가 슬럼프에 빠지거나, 사업의 좌절을 겪을 때, 당신은 북극성처럼 그가 앞으로 나아가는 방향을 비춰주어야 한다.

"당신은 무엇을 위해 사나요? 당신의 생명의 의의는 뭔가요? 맞아요. 바로 나예요. 쓸데없는 생각 하지 말고, 나랑 같이 잘 살아봐요."

한 번은 내가 한 남자에게 물었다. "여자 친구랑 어때요?" 그는 "좋아요. 이미 부모님도 다 뵈었어요."라고 했다. 그의 여자 친구가 몰래 내게 말하길 "미래가 안 보여요." 그 후로 얼마 지나지 않아, 그 두 사람은 헤어졌다. 다른 커플 중 남자가 말했다. "여자 친구에 대해 별로 느낌이 없어요." 여자가 말했다. "저는 우리가 같이 할 거라는 예감이 들어요." 현재, 그들은 이미 결혼했다. 두 사람의 감정 중에 남자는 영원히 굼뜨다. 두 사람의 관계를 진정으로 정확하게 보는 것은 분명히 여자이다. 여자가 헤어져야겠다고 하든지 함께 해야겠다고 하든지 그 말은 기본적으로 모두 진짜가 된다.

따라서 성숙한 여성으로서, 아직도 노련하게 주도권을 잡지 못했다면, 정말 자격 미달이다!

남자들에게
다른 여자의 험담을
해도 될까

우리 여자들은 생활 속 작은 걱정 때문에 쉽게 괴로워하기도 하고, 가장 친밀한 사람들과 같이 다른 사람의 뒷담화나 연예계의 가십거리들을 하기도 한다. 그러나 남자들은 우리의 이러한 사실 전혀 해가 없는 스트레스 해소 행위를 결코 이해하지 못한다. 먼저, 그는 이런 일이 당신과 어떤 관계가 있는지를 결코 이해할 수 없고, 그 다음은 당신이 진지하게 한 사람에 대해 뒷담화를 할 때 남자들은 당신에게 문제가 있는 것은 아닌지를 의심할 수 있다. 이렇게 되면 싸우기가 쉽지 않을까?

왜 남자와 여자의 서로 다른 사고방식 때문에 감정이 상해야 할까? 그렇게 되지 않으려면 어떻게 해야 할까?

여러분 모두 분명히 이런 경험이 있을 것이다. 어느 날, 당신이 사실 얼떨결에 남자 친구 또는 남편에게 말했다. "그 여자는 인간성이 별로야." 그들은 일반적으로 이렇게 대답한다. "어떤데?" 그러면 당신은 말한다. "그 여자는 어떤 남자한테 여자 친구가 있는 것을 분명히 알면서도 한밤중에 문자를 보낸다니까." 남자들의 반응은 모두 이렇다. "내 생각엔 괜찮은데, 그냥 기분이 안 좋아서 그랬을 수도 있잖아. 문자만 보낸 것뿐인데 뭐. 자기 별것도 아닌 걸로 너무 호들갑 떠는 거 아냐?" 심지어 이렇게 말할 수도 있다. "자기는 종일 할 일 없이 함부로 남이나 의심하는 거야?" 이 문장을 보는 여자 독자라면 분명히 동의할 것이다. 이 여자에게는 진짜로 문제가 있고, 괜히 별것도 아닌 문제로 요란하게 행동한 것은 아니었다고 말이다.

이런 대답을 들으면, 당신은 원래 그와 이야기를 나누고 싶었던 것뿐이었는데 순식간에 화가 난다. "자기는 그 여자랑 한 편인 거지? 그렇지?", "이게 심각한 게 아니면 뭐가 심각하냐고? 당신한테도 이런 여자 동료 있는 거 아니야?", "자기한테 문자 보냈는데도, 자기는 그 여자한테 문제가 있다고 생각 안 하고, 아주 적극적으로 대답해 준 거야?" 남자의 관점에서 보았을 때, 남자는 분명히 당신이 정말로 아무 까닭 없이 싸울 일을 만든다고 생각할 것이다.

자, 우리가 한 번 되돌아보자. 당신은 어떻게 일상생활을 잘 공유하다가 까닭 없이 싸울 일을 만드는 사람이 되었을까? 맞다. 중요한 것은 바로, 당신이 다른 여자를 험담했다는 것이다.

그래서 내가 가르쳐주려고 하는 것이 험담하지 말라는 것일까? No! 그렇게 생각했다면, 너무 어리고, 너무 단순하다(too young too simple). 먼저, 나는 이렇게 다른 여자를 험담하고 뒷담화하기에 좋은 절묘한 순간은, 절친과 함께 있을 때라고 생각한다. 당신과 절친이 같이 앉아서, 얼 그레이 한 잔, 치즈 케이크 한 조각을 주문해 놓고, 입을 연다. "너도 알다시피, 그 여자애가 특별히 꽤가 많잖아. 사장님한테 아주 가까이 접근한 여자 동료가 사장 와이프한테 맞은 거 알지?" 얼마나 아름다운 오후의 티타임인가.

"그러면 남자에게 다른 여자를 험담하는 방법은 없는 건가요?"라고 묻는다면, 단순히 스트레스 해소, 오락을 위해서라면 친한 친구하고만 이야기하라고 말해주고 싶다. 만약 당신이 너무 집착적으로 남자의 입에서 당신이 듣기 좋아하는 말을 듣고 싶다면, 방법이 없지는 않다.

사실, 남자들 같은 어리석은 동물은 머리를 쓰는 건 좋아하지 않으면서, 오히려 좋은! 사람이! 되고! 싶어 한다! 그래서 천성적으로 남자들은 여자들이 뒷담화 하는 행위를 바로 질투로 분류하는데, 그들은 질투를 싫어한다. 게다가, 당신이 일단 다른 여자를 욕하면, 그들은 나쁜 말을 듣는 사람이 약자라고 생각하고, 본능적으로 약한 쪽을 동정한다. 그래서 남자에게 다른 여자를 욕하는 것은 매우 현명하지 못한 것이고, 일부러 자기를 짜증나게 하는 행동이다.

만약 당신이 여기에 집착해서 이 남자의 입에서 이 여자에 대한 평가가 당신과 일치하는 말을 꼭 듣고 싶다면, 관건은 당신 자신을 약자로 바꾸는 데에 있다. 그러면 나쁜 말의 시작을 더 이상 상대방에 대한 인신공격이 아니라, 상대방에 대한 어떤 천하고, 나쁘고, 꾀가 있는 등의 말을 나로 바꾸어서 "나는 xx 언니는 사람이 정말 좋아. 시원시원하고 예쁘고." 이렇게 말해야 한다. 일반적으로 여기까지 오면, 남자는 생각할 겨를도 없이 말한다. "그 여자가 예쁘다고? 자기 눈이 멀었구나!" 이 때, 당신은 냉정을 유지하며 계속해서 연기를 해 나가야 한다. 절대로 희색이 만면해서 바로 이어서 "맞아, 그 언니 못생겼지……."라고 해서는 안 된다. 당신은 반드시 이어서 "그 언니 볼 만은 하지. 그런데, 그 언니는 날 별로 안 좋아하는 것 같아."라고 말해야 한다.

이해가 됐나? 이 말은 순식간에 당신을 약한 그룹 쪽으로 옮겨놓을 것이고, 그녀가 당신을 싫어하는 것이지 당신이 그녀를 싫어하는 것이 아닌 것이 된다. 남자는 바로 보호심이 불타올라, 분명히 이렇게 말할 것이다. "그 여자가 왜 자기를 싫어해?" 이때도 당신은 꾹 참고 있으면서, 다음과 같은 말은 해서는 안 된다. "그 언니가 날 질투해서 그래.", "그 언니가 갱년기인가 봐.", "그 언니 정신병인가 봐." 등등. 당신이 해야 할 정확한 말은 다음과 같다.

"나도 내가 그 언니한테 무슨 죄를 지었는지 모르겠는데, 그 언니가 나한테 유난히 못되게 구네. 나도 어떻게 해야 할지 모르겠어."

"나 정말 억울해. 그 언니한테 잘하려고 노력하는데, 나를 상대도 안 해주네."

"내가 매일 그 언니 아침도 사다주는데, 여전히 나한테 못되게 굴어."

이 때, 남자들은 당신을 위로할 것이다. 그러나 당신이 상대방을 질투하고 있는 것은 아닌지를 묻지는 않을 것이다. 왜냐하면 당신이야말로 약자이고, 그의 보호가 필요한 사람이기 때문이다. 다른 사람을 험담하는 것은 그 자체에 어떤 의미도 없는데, 중요한 것은 남신의 비호를 얻었다는 것에 깊은 위로를 받을 것이다.

이해가 됐나? 중요한 점은 자기의 상처와 억울함을 이야기하는 데에 있는 것이지 상대방의 방법에 문제가 있다는 것을 직접 공격하는 것은 아니라는 것이다. 여러분 모두 하나를 통해 여러 가지를 유추해서 잘 배워두길 바란다. 또한 나의 마지막 충고는 남자 친구에게 너무 자주 똑같은 여자를 욕하지 말라는 것이다. 도둑이 훔쳐 갈까봐 겁나는 것이 아니라, 도둑이 생각날까봐 걱정이듯, 당신 남자가 오히려 이 나쁜 여자에게 관심을 갖게 하는 것도 좋은 일은 아니다.

과학적으로
질투하는 법

질투를 못하는 사람도 있느냐고 말하는 사람이 분명히 있을 것이다.
그러나 어떻게 과학적으로 질투할지, 질투의 정도, 빈도에 대해 진
지하게 생각해본 적이 있나?

　내가 늘 말하지만 한국 드라마는 여자에게 너무 이상적인 것을 꿈
꾸게 한다. 한국 드라마에도 맞는 부분이 있기는 하지만, 남자는 확
실히 질투 당하는 것을 좋아한다. 왜냐하면 질투는 적어도 그가 두
명 이상의 여성의 사랑을 받고 있다는 것을 증명하기 때문에, 그가
매력 있다는 것을 말해주는 것이다. 따라서 성격이 시원시원한 여자
아이들은 남자 친구가 "질투 안 해?"라고 물을 때 제발 "그럴 리가."
라고는 말하지 않아야 한다. 우리는 때로 가짜로 질투하는 척해서
남자를 달래줘야 한다.

질투할 때의 가장 큰 금기는 바로 한 사람을 겨냥해서 질투하는 것이다. 이렇게 하면 가짜가 진짜가 되기 쉽기 때문이다. 우리 회사에 남자 직원이 있었는데, 한 여자 동료와 업무적으로 잘 맞았다. 그런데 그의 여자 친구가 질투를 너무 심하게 해서, 하루 종일 그와 그 여직원이 같이 있는 것을 의심했다. 원래 그 남성은 그 여자 직원에게 별 감정이 없었는데, 여자 친구의 의심이 너무 심하니까, 그 여직원이 진짜로 자신을 짝사랑하고 있는 것처럼 생각하고, 그 여직원에 대해 특별히 관심을 갖기 시작했고, 여러 모로 그녀를 돌봐주었다. 여직원은 남자의 보살핌을 여러 번 받고 보니, 그 남자가 정말 괜찮고, 자상하다고 생각했다. 차츰차츰 두 사람은 정말로 서로를 좋아하게 되었다. 그의 여자 친구는 공연히 자신의 남자를 양보해준 것이 되었다. 그래서 특별히 여러분에게 당부하려고 한다. 질투를 하려면 전반적으로 하고, 한 사람을 겨냥해서는 하지 않아야 하며, 포괄적으로 질투해야 한다. 남자들은 정말 '그를 흠모하고, 그를 몰래 사랑하는' 여자에 대해 그것이 진짜이든 가짜이든 특별히 호감을 가질 수 있기 때문이다.

질투의 빈도도 너무 자주 하지 않고 적당해야 한다. 대개 한 달에 한두 번쯤. 심하게 하지 않고 그의 품 안에서 애교를 떨거나, 머리를 비비는 정도면 괜찮다.

질투에도 좋은 점이 많이 있다. 예를 들어 당신은 질투라는 명목으로 이런 일을 할 수 있다.

"TV 좀 그만 봐요. 나 질투 나요. 판빙빙 보느라 눈을 못 떼나요?"

"게임 좀 그만 해요. 어떤 아가씨랑 게임에서 만나기로 약속이라도 했어요? 화나 죽겠네."

"나 질투 나요. 자기 휴대폰도 못 보게 하고, 다른 사람이랑 재잘재잘 거리는 게 분명해."

질투는 사람에게만 할 수 있는 것이 아니고, 세상 만물에게 할 수 있다.

"뭐 하느라 태블릿을 두 시간이나 손에서 못 놓는지… 질투 나네, 나보다 예뻐요?"

"주말에 집에서 늦잠이나 자고, 나랑은 데이트도 안하고. 그래, 자기는 나보다 침대를 훨씬 좋아하지?"

"진짜로 자기는 휴대폰 볼 때가 나를 볼 때보다 훨씬 눈이 반짝반짝해요. 휴대폰이 나보다 비싸죠?"

"한 번 아파 보라지! 매일 런닝 머신에서 쓰는 힘이 나한테 쓰는 힘보다 훨씬 많잖아!"

질투는 두 사람 사이의 감정을 발전시킬 수 있다. 따라서 절대로 너무 깊이 빠지면 안 되는 것이 질투하다 보면 소심해지고, 의심을 많이 하다가 사랑스러움을 잃게 된다. 예를 들어 남자 친구와 여자

고객이 밖에서 식사를 하는 것은 약간 질투를 할 수 있는 상황이다. 이 상황에서,

"내 뒤에서 몰래 다른 사람 사랑하면 안 돼요." 이런 가벼운 질투라면 괜찮다.

하지만, 만약 이렇게 변한다면?

"정당한 관계라면, 그 여자가 왜 자기한테 이렇게 큰 계약을 주는 거죠?"

이러면 흥미가 떨어지는 데다 결국 싸워 사이가 틀어지기 쉽다. 이것이야말로 공연한 생트집의 전형적인 예이다.

질투를 애교 부리듯 하면, 남자는 농담이라고 생각하기가 쉽다. 따라서 진지한 일이라면 절대로 '나 지금 질투하고 있어'의 모습은 보여서는 안 된다. 그렇지 않으면 그는 '하하, 여친이 또 질투하네.' 라고 생각하게 된다. 이렇게 되면 일에 대해 잘 이야기할 방법이 없어진다.

예를 들어,

여자: 자기 예전 여자 친구랑 너무 자주 연락하는 거 같네.

남자: 에구, 자기 질투했쪄요?

이럴 때 당신은 정색을 하고 이렇게 대답해야 한다.

여자: 질투처럼 그렇게 간단한 문제는 아니고, 내 기분이 너무 나쁜단 말이야. 또 그러면 나도 어떻게 할지 몰라요. (주의! 표정은 매우

엄숙해야 한다.)

여기까지 읽고 나서도 연애는 본능에 의지해야 한다고 생각하면
안 된다. 연애는 과학에 근거해야 한다! 어떻게 경영하느냐에 달려
있다!

연인과의 대화가
말다툼으로 변하는 이유

남자가 당신에게 호감을 가지고 있지만 아직 사귀는 사이가 되지 않았을 때, 그들은 '당신이 무엇을 말하든 다 맞고, 혹시 잘못 말했더라도 참고할 만한 부분이 있다'고 여기는 증후군을 앓고 있다. 그러나 사귀는 사이가 된 후에는 남자의 그 증후군은 '나는 생각이 없고, 내 생각은 바로 네 생각에 반대하는 것'으로 변할 것이다.

여러분은 남자 같은 지능 지수(IQ)가 독특한 생물과 이야기하는 것이 얼마나 고생스러운지 경험해 봤을 것이다. 원래는 서로의 관심을 이야기하면서 감정을 발전시키고 싶었지만 결국은 말다툼으로 변하고, 심지어는 서로 옛 일까지 들추다 다퉈서 헤어지려 한다. 말다툼을 하지 않더라도 갈수록 짜증이 난다. 우리처럼 이렇게 삐지기 쉬운 여자들은 정말 시시때때로 "자기 날 사랑하지 않는 거 아니야?"라며 불쑥 나오는 대로 말하기도 한다. 반면 남자가 가장 잘하는 것은 바로 "말도 안 되는 소리!"라고 일축하는 것이다. 이렇게 되면 정말 수습할 방법이 없다!

두 사람이 연인 사이가 된 후에는 어째서 살랑살랑 바람 불고 엷은 구름이 있는 좋은 날씨에 조용하고 평온하게 이야기할 수가 없을까?

다투는 것이 우리가 원하는 결과는 아니다. 따라서 우리가 원하는 편안한 대화를 하려면, '내 생각은 바로 네 생각을 반대하는 것'이라는 남자의 심리를 잘 이용해야 한다. 우리가 가장 쉽게 다투게 되는 주제로 그 사람의 전 여친에 대한 언급을 피할 수가 없다.(없는 일을 찾아서 하지는 말자.)

절대로 전 여친의 나쁜 점을 직접 이야기해서는 안 된다. 만약 남자 친구가 당신에게 그녀를 언급하면 모두에게 무해하고, 순진한 모양을 하고, 그가 어떤 말을 하더라도, 마법의 문장인 "그 사람도 분명히 일부러 그러지는 않았을 거예요. 분명 어떤 고충이 있었겠지. 그 사람도 쉽지 않았을 거야."라고 말해라. 남자 친구는 '습관성 반박 증후군'에 걸렸기 때문에, 자연스럽게 말을 이을 것이다. "걔가 무슨 고충이 있어, 고충이 있으면 아무 일이나 다 해도 되나?"

만약 전 여친이 아무 때나 전 남친에게 도와달라고 찾아오면, 당신은 이렇게 말해야 한다. "다른 친구가 별로 없나 보죠. 베이징에서 혼자 사는 게 정말 쉽지 않을 거예요." 남자 친구는 습관적으로 말을 이을 것이다. "뭐가 쉽지 않아? 누구는 베이징에서 혼자 안 사나?" 이런 대화가 여러 번 오가면, 남자는 스스로에게 세뇌 당할 것이다.

이렇게 말함으로써 남자는 제 때에 자신의 속마음을 잘 볼 수 있고, 계속 이런 식으로 하다보면 전 여친이 못 버리는 도둑 심보를 당신이 어쩔 수 없이 직접 나서서 쌀라내야만 할 때, 절대로 당신에게 문제가 있다고 생각할 수 없을 것이다.

마찬가지로, 당신이 어떤 가십거리를 듣고 싶으면 반대로 말해야 한다. 남자는 배후에서 다른 사람의 뒷담화 하는 것을 별로 원하지 않지만, 남자 친구와 관계있는 사람이 어떤 사람들인지를 알고 싶다면, 이런 방법으로 알아볼 수 있다.

만약 당신이 남자에게 직접 물어본다면,

당신: 자기네 사장님 어린 정부를 들였다면서요?

남자 친구: 그런 스캔들을 내 입으로 어떻게 말해? 당신이랑 무슨 상관 있다고?

라고 일축할 것이다.

따라서 남자 친구의 말을 듣고 싶다면, 반드시 이렇게 말해야 한다.

당신: 자기 주변에 있는 남자들 중에서 가장 훌륭한 사람은 자기네 사장님 같아. 능력 있지, 잘생겼지, 가장 중요한 것은 부인한테

변함없다면서? 정말 완벽하다.

그러면 그는 냉랭하게,

남자 친구: 변함없다고? 흥! 어린 정부를 뒀다고! 게다가 대학생이라 던데? 매일 저녁 집에도 안 가고 외박하는데도 부인이 말도 못한대.

만약 더 자세히 듣고 싶다면 계속해서 이렇게 말해야 한다.

당신: 설마, 사장님 그런 사람으로 안 보이던데. 지난 번 술 마실 때, 부인한테 보고하던데 뭘."

남자는 100% 계속해서 당신에게 폭로할 것이다.

남자 친구: 하하, 전화에서 부인을 불렀지만, 받는 사람이 꼭 부인이 란 법은 없잖아. 게다가 정부도 한 명이 아니라니까.

만약 당신이 여전히 이 사장의 상황에 대해 알고 싶다면, 계속 유도심문을 할 수 있다.

당신: 그렇구나. 사생활은 제멋대로라고 해도, 능력은 어쨌든 문제가 없겠지? 한 사람이 맨 손으로 일가를 이루고, 지금은 직원도 아주 많잖아. 정말 대단해.

이어서 당신은 남자가 당신에게 알려주는 말을 들을 수 있다.

남자 친구: 능력? 하하, 그 사람 아버지가 XX가 아니었다면, 이렇게 쉽게 이렇게 많은 전표를 가져올 수 있었을 것 같아?

어쨌든, 기술은 이렇다. 최선을 다해 당신이 알아보고 싶은 사람을 칭찬하고 당신이 매우 동경하고, 매우 숭배하는 모습을 보여주면, 남자가 가장 좋아하는 것이 여인의 환상을 깨는 것이며, 너희 여자들이 뭘 알겠냐고 생각하는 것이기 때문에, 그것을 증명하기 위해서, 그들은 끊임없이 많은 비밀을 털어놓을 것이다. 마지막에는 당신이 그를 깨우쳐준다. "당신은 제발 이런 사람한테 나쁜 것 배우지 말아요!"

남자의 이런 심리를 파악하면, 우리는 두 사람의 대화를 훈훈한 분위기로 만들 수 있다. 조심해야 하는 것은 남자들의 역반응 심리를 일으키지 않는 것이다. 결론적으로 말하면 남자는 여전히 정말로 아이 같아서, 우리가 이렇게 달래줘야만 두 사람의 감정이 아무 이유 없이 사라지지 않을 것이다.

남자는 언행일치가
안 되는 동물임을
인정하자

연애할 때 생기는 고민 중에서 80%는 '남자 친구가 말만 하고 책임을 지지 않는 것' 때문이다. 그렇다. 당신은 그가 허락한 약속을 실현할 방법이 없다는 것을 자주 발견할 것이다. 그는 당신에게 영원히 당신을 사랑할 거라고 말하지만, 다른 예쁜 아가씨를 보면서 반나절이나 정신이 돌아오지 않는다. 당신이 세상에서 가장 아름다운 여인이라고 말하지만, 컴퓨터에서 린즈링의 환상을 마주하고 있다. 내 월급의 전부를 당신에게 주겠다고 말하고는 몰래 양말 서랍에 비상금을 숨겨 놓는다. 아귀찜에도 아귀는 별로 없고 콩나물만 잔뜩 들어 있는데, 하물며 남자는 더하겠지. 그들의 EQ는 원래 어린아이 수준이라서 그가 말한 모든 것을 실현시켜달라고 요구하기는 정말 어렵다.

남자는 왜 말한 대로 하지 않을까? 내 생각엔 일부러 거짓말을 하는 것은 아니고 자신의 능력을 계산하는 능력이 부족한 것 같다. 남자들은 약속하는 것을 좋아하는데, 약속할 때 자신이 할 수 없다는 것을 결코 모른다. 며칠 전에 샤오신은 아침 일찍 출근해야 해서 5시에 일어나야 했다. 그녀의 남자 친구는 자기가 전화를 해서 그녀를 깨워줄 테니 알람시계를 맞춰놓을 필요가 없다고 큰소리 쳤다. 그 결과 그 다음 날 아침, 샤오신은 '왜 아직 안 오느냐'는 동료의 전화를 받고서야, 자신이 늦잠을 잤다는 것을 깨달았다. 그녀가 서둘러 일을 끝내고 남자 친구에게 전화를 했는데, 그 때는 이미 오전 10시였다. 이 남자는 죽은 돼지처럼 여전히 쿨쿨 자고 있었다. 이것이 야말로 자신의 부족함을 짐작조차 못하는 전형적인 예이다.

남자의 말은 일반적으로 세 가지로 분류할 수 있다. 첫 번째 종류는 미래에 관련된 것으로, 평생 동안 변하지 않겠다는 뭐 그런 이야기이다. 이런 말들은 100% 이루어질 리가 없다. 그래서 듣는 것으로 만족하면서, 연애할 때 분위기를 훈훈하게 하는 정도의 일로 생각하면 된다. 남자들은 진지하게 생각하고 이런 말을 한 것이 아니라, 단지 연애하는 과정에 해야 하는 절차 중의 하나로 안 하면 이상한 것이라고 생각하는 것이다.

두 번째 종류는 구체적인 일에 대한 약속이다. 예를 들어 위에서 예로 들었던 그런 문제. 이런 종류는 세부적으로 또 두 종류로 나뉜다. 한 가지는 그가 노력하면 할 수 있는 것으로, 예를 들어 다음 달에 같이 여행을 가자든지, 최신 휴대폰을 선물로 주겠다든지 등이다. 이런 약속에 대해서는 당신이 반드시 반복적으로 그를 일깨워주어야 하며, 필요한 때, 그의 눈을 귀엽게 바라보며 "나 진짜로 믿을 거예요. 속이면 안 돼요."라고 이야기해 주어야 한다. 다른 한 가지는 노력해도 반드시 할 수 있을지는 모르는 것이다. 예를 들어 "나는 꼭 과장이 될 거야." "내가 꼭 당신을 여왕으로 살게 해줄게." 등. 이런 종류는 복권에 당첨되는 심리를 포함하고 있는 것이라서, 당연히 실현할 수 없는 것이다. 만일 실현되었다면, 그것은 예상치 못했던 기쁜 일이므로 그를 격려해주어야 한다.

또 다른 종류의 말은 어린아이의 말처럼, 남에게 상처를 줄 수 있는 말을 하는 것이다. 내 외조카는 여섯 살인데 매일 그의 엄마에게 적어도 열 번은 이렇게 이야기한다. "난 엄마 아들 안 할 거야." 그러나 그 아이의 엄마는 진짜라고 생각하지 않는다. 당신의 남자 친구가 당신에게 "정말 미워, 아무것도 안 할 거야"라고 말할 때는 그를 큰 소리로 제지해야 하지만, 진짜로 생각하지는 마라. 왜냐하면 그들이 감정적일 때는 아무렇게나 말을 내뱉어서 당신이 자아를 부정하게 만드는데, 그것은 가장 수지가 맞지 않는 일이다. 당신 스스로 어떤지는 스스로가 가장 잘 알고 있다. 그의 입에서 나온 악담 때문에 자신을 의심하면 안 된다.

그러니 남자 친구가 자신이 말한 것을 지키지 않는 것 때문에 화내지 마라. 그러면 당신은 화가 나서 견딜 수 없다. 중요한 일은 알려주어서 하게 하면 되는 것이고, 그가 한 모든 약속을 너무 진담으로 생각하지 마라. 남자는 말한 것을 지키지 않는 동물이라는 것을 받아들이려고 시도해보라. 그러나 그가 이렇게 하는 것을 격려하지는 마라.

남자의 말이
암시하는 것

나는 매일 정말 많은 편지를 받는데, 가장 자주 보는 것은 두 종류이다. 한 종류는 "공즈 님, 제가 좋아하는 남자가 제 메신저에 이렇게 대답했어요. '지금 바쁘니, 나중에 나를 찾아주세요.' 나중에는 도대체 언제일까요?"라는 것이고, 다른 한 종류는 "공즈 님! 제 남자 친구가 우리 진도가 너무 빠르니, 생각할 시간이 필요하다는 이야기를 자주 해요."라는 것이다. 앞에서 이야기했듯이 남자는 두뇌가 우리 여성보다 훨씬 간단한 생물이라고 볼 수 있는데, 왜 그들은 항상 우리 고등 생물이 알아듣기 힘든 말을 하는 것일까? 지금부터 차근차근 그 답을 알아보자.

　내 비서인 샤오신이 잠시 동안 한 남자를 만났던 적이 있다. 이 남자의 모든 이야기는 우여곡절이 많고 자유분방하며 흥미진진했지만, 결국 들어보면 모든 주제는 '나와 내 여자 친구는 사이가 안 좋다.'는 것이었다. 그는 자꾸만 샤오신을 찾아와 "당신이 나를 더 잘 이해하는 것 같아.", "당신은 정말로 나를 알아주는 친구야." 이런 말을 하는 것이다. 이런 말은 별것 아닌 것처럼 보이지만, 샤오신은 들으면서 매우 감동했고, '이 남자가 나를 떠나서는 정말 살 수가 없겠구나!'라고 생각했다. 바보 같은 생각 마라. 이것이 바로 양다리를 걸치려는 가장 전형적인 수작이다! 그런데 남자는 왜 이런 비열한 암시 놀이를 하려고 할까?

첫째, 모든 남자, 한 사람도 예외 없이 모든! 남자들은 좋은 사람이 되고 싶어 하기 때문에, 사람의 탈을 쓴 금수의 일면을 절대로 드러내고 싶지 않아 한다. 둘째, 당신이 먼저 꼬임에 빠지면, 그도 책임을 질 필요가 없다. 그래서 그는 자신을 비참하게 포장해서, 당신이 성모 마리아의 후광을 발하며 바보처럼 구덩이로 뛰어 들어올 것을 기다린다. 따라서 그들은 자신들이 무척 상처를 많이 받았다는 말을 마구 쏟아낸다. "나는 여자 친구가 있기는 하지만, 사이가 안 좋은데, 당신만이 진정으로 나와 영혼이 통하는 소울 메이트이다." 이렇게 되면, 만일 나중에 사이가 나빠졌을 때, 그는 바로 그럴듯하게 말할 것이다. "우리 두 사람이 서로 원해서 한 것이지, 내가 너를 속인 것은 아니잖아? 다만 나랑 내 여자 친구의 사이가 다시 좋아졌을 뿐이야."

그래서 만약 당신이 이런 말을 충분히 이해했지만, 이 남자가 마침 당신이 좋아하는 유형이라면, 그에게 자신의 감정을 정리하게 하고, 당신들의 사이가 다시 점점 발전되더라도 쉽게 그를 믿지 말고 관계를 확립해야 한다. 영혼의 반쪽은 그렇게 쉽게 만나지지 않는다. 만약 당신이 잘 이해가 안 되거나 나쁜 놈의 나쁜 심보에 당하고 싶지 않다면, 멀리 떠나거나, 그와 나눈 대화 기록을 그의 여자 친구에게 보내라고 말하고 싶다.

다시 내 비서 샤오신의 이야기로 돌아와서, 그 영혼이 서로 통하는 깃발을 든 남자는 그들이 사귄 지 한 달도 안 되는 밀월기 이후에 또 다른 말투로 "우리 좀 냉정해지자"라고 했다. 동시에 기타 파생되어 진화된 버전에 어울리는 말을 쏟아냈는데, 다음과 같은 말들이다.

"나는 너에게 미래를 줄 수 없어."
"나는 지금 아직은 안정되고 싶지 않아."
"나는 너를 행복하게 못 해줄까봐 걱정돼."

이런 말들은 번역하면 모두 "잘 가!"이다. 그가 무엇 때문에 냉정해야 하는지 한 번 생각해보자. 오늘 알리바바 그룹의 회장 마윈(馬雲 | Ma Yun | Jack Ma)이 자신의 유산 전부를 그에게 주는 것도 아닌데, 그는 냉정해야 한다. 오늘 안젤라 베이비가 남편 황샤오밍을 버

리고 자신에게 사귀자고 한 것도 아닌데, 그는 냉정해야 한다. 한 달 월급이 200만 원인 평직원인데, 얼마나 냉정해야 할까? 그가 인생에서 만난 가장 큰 일은 오늘 버스를 놓쳐서 타지 못했고, 어제 화장실에서 사장의 변기를 새치기한 것뿐인데! 그는 도대체 어떻게 냉정해야 할까? 따라서, 이런 이야기를 한다는 것은 간단히 말해서 헤어지고 싶다는 뜻이다. 이 때, 당신도 죽자고 매달릴 필요가 없는 것이, 왜냐하면, 그는 이미 다음의 '영혼의 반려' 앞에서 당신을 원망하고 당신과 사이가 좋지 않다고 할 것이기 때문이다.

남자가 말에 암시 내용을 담는 것은 주로 데이트 약속할 때와 헤어질 때 나타나는데, 이 두 경우에 그들은 정말이지 정정당당하지 않고, 아주 남자답지 못하기 때문이다. 내가 반복해서 강조하는 것을 여러분은 꼭 기억해야 한다. 남자가 가장 하고 싶어 하는 것은 무엇일까? 맞다. 바로 좋은 사람이 되는 것이다! 이 두 가지 일에서 그는 신사인 척하며, 예의 있게 속이고, 당신과 정말로 영혼이 통한 것처럼 보이려고 한다. 남자들의 이런 심리를 이해했다면, 그가 했던 상식적으로 생각할 수 없는 말들을 모두 이해할 수 있을 것이다.

체면은 남자의 힘
: 되로 주고 말로 받자

우리는 종종 신문의 사회면에서 이런 뉴스를 볼 수 있다. "두 남자가 술 마시기 내기를 위해, 결국 알코올 중독까지 되어 사망했다.", "두 남자가 차에서 자리를 빼앗으려다가 불을 질러 중상을 입었다." 신문을 내려놓은 뒤, 당신 마음속의 OS(운영체계)에서는 분명히 "바보 아냐?"라고 생각하겠지만, NO! 이것이 남자이다. 체면은 바로 그들의 생명이다.

우리 집 아래층에 꼬치구이 포장마차가 있는데, 여름이 되면 유명한 싸움 장소가 된다. 아침에 출근할 때, 땅 위에 혈흔이 여기저기 있는 것을 자주 보는데, 사장님은 늘 봐와서 그런지 놀라지도 않고 내게 말한다. "어제 몇 명이 병원에 입원했어." 싸움의 원인은 매우 단순한데, 예전에 한 번 운 좋게도 본 적이 있다. 한 여자가 걸어와서 옆 테이블에 있는 한 남자에게 말했다. "방금 저 사람이 나 쳐다봤어." 그런 다음 그녀 뒤에서 키만 멀쑥한 사람이 버럭대며 말했다. "당신, 왜 내 아내를 쳐다봐?" 보통 이렇게 싸움이 시작된다. 이 예를 든 것은 남자가 얼마나 체면을 사랑하는지를 다시 한 번 강조하기 위해서다. 여자가 말 한 마디 했을 뿐인데 상대의 머리가 깨지고 피를 흘리게 하겠나. "네 마누라 본 건 너랑 상관없고, 네가 그러고도 남자야?"라며 바로 흥분할 것이 틀림없다.

남자가 가장 사랑하는 것은 무엇일까? 맞다, 바로 허풍이다. 허풍에도 많은 종류가 있는데, "난 돈이 많아", "나랑 청룽이랑 소꿉친구잖아.", "우리 집안이 정말 대단한 집안이야.",……

남자는 체면을 원하고, 그래서 나는 그에게 준다. 만약 체면을 세워주었더니 내가 원하는 모든 것으로 바꾸어 돌아온다면, 못 할 게 뭐 있겠는가? 특히 밖에서, 그의 친구 앞에서, 당신이 말 잘 듣는 신부가 되어 준다고 무슨 상관이 있겠는가?

당신은 그저 그들이 밥 먹을 때 이야기할 수 있으면 이야기하고, 수다를 못 떨면 미소를 띠면서 적게 이야기하며, 적당한 때에 모두에게 술을 따라주고, 애인 친구의 여자 친구와 이야기하면 된다. (조심할 것은 애인 친구의 여자 친구라는 이 생물은 잘 사귀어 두면, 당신들의 감정에 좋은 점만 있지 나쁠 것이 없다. 그러나 개인적으로는 너무 깊이 사귈 필요는 없다고 말해주고 싶다.) 종업원에게 냅킨을 달라고 하고, 어쨌든 현모양처의 표본인 척하면 된다.

그에게 부탁하려고 할 때는 명령문을 쓰면 안 된다. 모든 말을 "~해도 될까?", "~할래요?"로 시작한다.

"그 잔을 이쪽으로 가져와도 될까요?"

"채소 좀 먹을래요?"

"좀 적게 마시면 안 될까요?"

"대리 기사 불러 줄까요?"

만약 화제가 당신에게 떨어지면, 시원시원하게 대답한다. 대답하기 어려운 문제는 일률적으로 남자 친구에게 넘기고, 웃으며 대답한다. "그건요, 전 잘 모르겠고, 우리 집은 이 사람이 알아서 해서요."

초대를 받으면, 사랑을 가득 담은 얼굴로 남자 친구에게 묻는다. "사장님~ 저 가도 될까요?"

만약 정말 남자가 고주망태가 될 정도로 술을 마시고, 개처럼 여기저기 기어 다녀서 참을 수 없다고 해도, 화내지 마라! 왜냐하면 당신이 지금 화를 내도 전혀 소용이 없기 때문이다. 죽은 개처럼 취한 남자가 무슨 말이 귀에 들어가겠는가? 차라리 핑계를 찾아 그 자리를 떠나고, 그를 상관하지 마라. 그의 형제들이 분명히 그를 평안하게 집까지 데려다 줄 것이니, 안심해도 된다. 만약 당신이 이 죽은 개를 밀어야 할 일이 있다면, 분명 화가 하늘 끝까지 날 것이고, 또 한바탕 다툼으로 변할 것이므로, 차라리 눈에서 보지 않으면 마음이 복잡하지 않을 것이다. 그 다음 날 그가 술이 깨어 당신에게 전화하면, 다시 그와 이야기하면 된다.

이러한 수단은 남자의 체면을 세워 주는 것 외에, 만약 그의 전 여친 또는 전 여친의 친구가 있다면, 한 자루의 날카로운 검처럼 반드시 그녀들의 마음을 향하여 칼질을 할 것이다.

전에 한 번은 술자리에서 한 여성이 내게 특별히 적대감을 가지고 있는 것 같았다. 처음에 나는 왜 그러는지 몰랐는데, 그녀가 계속해서 내게 술을 부어주었다. 나중에 다른 한 친구가 내게 알려줬는데, 그녀의 절친이 내 남자 친구를 쫓아 다녔지만, 성공하지 못했다는 것이다. 후에 그녀의 절친이 왔고, 역시 계속해서 내게 술을 부어주었다. 몇 명이 나를 가지고 논 것이다. 나는 술을 들고 남자 친구 옆으로 가서 물었다. "나 좀 어지러운데, 자기, 나 술 더 마셔야 해요? 자기가 하라는 대로 할게요." 남자가 듣고는 술을 가져와 원샷 하더니, 나를 토닥이며 말했다. "술도 잘 못 마시면서 억지로 마시지 마. 자기는 저렇게 늘 나와서 술 마시는 저 여자들이랑은 달라." 굳이 말하자면, 당시 그녀들의 안색은 아주 볼 만했다.

어떤 여성은 걱정할 것이다. 이렇게 하면 남자 친구 앞에서 내 지위가 낮아지는 건 아닌가? 내가 책임지고 말해줄 수 있는데, 당신이 밖에서 그의 체면을 충분히 살려주면, 돌아와서 당신이 원하는 체면은 뭐든지 가질 수 있다. 만약 당신이 진정으로 체면이 있고, 지위가

있다면, 다른 사람 앞에서 낮게 엎드려 작아지는 것을 개의치 않을
것이며, 반대로, 어떤 역할을 연기한 것에 대한 쾌감이 있을 것이다.

인테리어,
사랑의 해결사

'새로운 여자 친구를 두려워하지 말고, 여행을 두려워하라. 여행을 견디고 나면 인테리어가 남아 있다.'라는 말이 있다. 남녀가 사랑하면서, 여행과 인테리어, 두 가지의 큰 고비가 있는데, 만약 이 두 고비를 모두 지났다면, 정말로 축하한다. 장래의 결혼 생활에 기본적으로 그리 큰 문제는 없을 것이다.

나는 인테리어 때문에 끝도 없이 싸우다가 결국은 헤어지는 부부를 무수히 봤다. 우리는 먼저 인테리어를 계획하면서 쉽게 생기는 가장 큰 문제인 의견의 불일치에 대해 살펴보려고 하는데, 이러한 싸움을 피하는 몇 가지 방법에 대해 이야기하겠다.

첫 번째 사례의 주인공은 우리 엄마이다. 우리 엄마는 올해 60세

이시고, 매우 구식이고 전통적이며 고집도 센 분이시다. 우리 집은 몇 년 전에 새 집으로 이사를 했는데 엄마가 퇴직하셨기 때문에 인테리어의 전권을 책임지셨다. 이것이 정말 좋은 것이 도대체 누구의 말을 들어야 할지 모를 때, 책임을 분명히 할 수 있다. 엄마가 특별히 대단한 점은 아빠에게 "당신이 인테리어를 책임진다면, 나는 어떠한 의견도 내지 않겠다고 약속할게요."라고 제안한 점이다. 아빠는 귀찮은 게 싫어서 엄마께 전권을 맡기셨다. 그러자 엄마는 "그러면 이렇게 해요. 당신이 원하는 것을 먼저 한꺼번에 다 이야기하세요. 도면을 본 후에는 참견할 수 없고, 인테리어가 잘못되더라도, 마음에 안 든다고 말하면 안 돼요."라고 못 박으셨다. 아빠는 그 의견에 동의하셨지만, 여러분도 알다시피, 남자가 어떻게 참견을 하지 않을 수 있겠는가? 인테리어 공사가 반쯤 진행되었을 때, 어쩔 수 없는 정말 치밀하고 교활한 남자인 아빠가 참견을 하셨다. 아빠는 어디 어디가 좋지 않다 라고는 직접 이야기하지 못하고, "이 신발장이 좀 안 어울리는 것 같네."라고 말했다. 엄마가 눈을 부릅뜨고 쳐다보자, 아빠는 바로 고분고분해졌다. 그러나 아빠가 이 말을 세 번 하시자, 엄마는 아빠를 더 이상 쳐다보지도 않았고, 직접 작업 인부들의 망치를 들고 가서, 망치로 신발장을 부숴버린 뒤 망치를 던져버리고는 나가서, 다시 돌아오지 않았다. 아빠는 놀라서 어안이 벙벙해졌고, 집에 돌아오셔서는 엄마와 맹세도 하고 약속도 했다. "다시는 다른 말 하지 않을게. 당신 말이 다 맞아." 그래서 계속되는 인테리어 공사는 더할 나위 없이 순조로웠다.

두 번째 사례의 주인공은 내 친구 샤오차오이다. 샤오차오는 디자이너로, 매우 세련되고 기품 있으며, 평상시에 옷 입는 것이든 가구이든 스타일을 매우 중요하게 생각한다. 그녀의 남편은 귀국한 화교로 자신이 특별히 품위 있는 남자라고 생각한다. 그러나 여러분도 알다시피 남자의 품위는…… 샤오차오는 절대로 자신의 집을 남자의 미적 감각으로 망치게 되는 것을 허락할 수 없었다. 그러나 다짜고짜 그를 공격하는 것도 좋지 않다고 생각했다. "당신이 뭘 알아요? 당신은 매번 모든 신상 중에서 제일 이상한 옷만 고르잖아." 남편이 자주 외국에 나가기 때문에 인테리어의 주요 책임자는 여전히 샤오차오였지만, 그녀의 남편은 우리 아빠처럼 그렇게 쉽게 내쫓지도 못하고, 게다가 참견하는 것을 무척 좋아했다. 샤오차오는 매우 현명한 방법을 사용했다. 타일, 벽지, 바닥 등을 선택할 때, 자신이 전적으로 받아들일 수 있는 정도의 후보를 몇 가지 골라서 동영상이나 사진을 찍어서 남편에게 보여주고는 그가 마지막 결정을 하게 했다. 그녀의 남편은 정말 기뻐했고, 자신이 모든 것을 결정했다고 생각했다. 샤오차오도 기뻤던 것이 어떤 것을 선택하든지 모두 그렇게 엉망일 수가 없고, 결국 모든 것은 그녀가 조종하는 대로 되었기 때문이다. 이렇게 해서 두 사람은 화목하고 아름답게 모든 인테리어를 완성했고, 집도 매우 예뻤다. 매번 그녀의 집에 갈 때마다, 남편은 득의양양하게 모두에게 소개한다. "내 안목이 어떤가요?" 모두들 고개를 끄덕이며 칭찬하는 동시에, 샤오차오의 마음도 당연히 만족스러웠을 것이다.

이 두 가지 사례에 대해 이해가 되었나? 나는 인테리어만 이야기한 것이 아니라 사실은 어떤 문제이든 위의 방법을 적용하여 해결할 수 있다고 생각한다. 당신이 바로 여래불이기 때문에 이상의 기술을 잘 파악하기만 한다면, 남자는 영원히 당신의 손바닥 안에서 벗어날 수 없다는 것을 기억하자.

말하지 않거나,
하지 않거나

매번 집에 돌아가면 집은 엉망으로 어질러져 있고, 남편은 여전히 게임이나 하고 있을 때, 그때의 느낌은 ……. 나는 그 때 당신의 마음에 타오르는 이름 없는 불을 아주 잘 이해할 수 있다. 한 입 뿜어 컴퓨터 앞에서 헤헤 바보처럼 웃고 있는 그 놈을 태워 죽이고 싶을 것이다. 그래서 대다수의 사람들이 한편으로는 무거운 손 무거운 발로 집안일을 수습하기 시작하면서, 한편으로는 남편을 욕하기 시작한다. "당신은 왜 어째서 집이 이렇게 엉망이 되어 있는데 본체만 체할 수 있어? 이 집이 나 혼자 사는 집이야? 꼭 내가 돌아와서 밥을 해야 하는 거야? 컴퓨터 게임하는 게 그렇게 중요해? 차라리 컴퓨터랑 살지 그래?" 궁금할 것도 없이 집안에는 싸움이 폭발하거나, 감정을 꾹꾹 누른 냉전을 시작하거나이다. 내 친구 한 명은 이런 상황이지만, 집에 돌아가서 아무렇지도 않게 주위를 둘러본 뒤, 배달 음식을 시키고 앉아서 인터넷을 한다. 배달 음식이 도착하면 즐겁게 식사를 한다. 그렇게 며칠이 지나면 그녀의 남편이 참을 수가 없어서 파트타임 도우미를 불러서 집을 깨끗하게 청소한다. 그녀가 집에 돌아왔을 때 깨끗해진 집을 보면 정말 기뻐서 두 사람은 그렇게 다정할 수가 없다.

위의 예들은 우리에게 집안일을 하려면 남편에게 불평하지 않고 하든지, 아니면 아예 하지 않는 것이 좋다고 알려주는 것이다. 만약 당신이 참을 수 있다면 말하지 말고, 참을 수 없다면 자연히 누구든 해야 한다. 당신이 참을 수 없어서 해야 한다면, 아무 말 없이 묵묵하게 일을 끝낸다. 남편은 미안해 할 수도 있고, 아니면 전혀 반응이 없을 수도 있다. 그러나 절대로 당신과 싸우지는 않을 것이다. 만약 당신이 한편으로는 폭풍 잔소리를 하면서 한편으로는 밀린 일을 다 했다고 하자. 남편은 그래도 당신에게 짜증을 낼 테니, 당신 자신에게 아무런 좋은 점도 없는데다가 힘들게 일하면서 일을 하는 것에 대한 어떠한 감격도 얻을 수 없고, 다 하고 나서도 당신은 여전히 마음 가득 원망을 품고 있을 것이다. 자신을 남편의 위치에 놓고 한 번 생각해보자. 당신이 아직 소녀였을 때, 엄마가 당신 방에 들어와서 잔소리할 때, '방이 어떻게 또 정리가 안 되어 있니?', '갈아입은 옷은 세탁 바구니에 넣어야 하는 건 모르니?', 이런 말들이 당신 귀에 들어갔었나? 당신은 녹음기의 음량을 크게 했거나, '응응'하고 고개만 끄덕였지, 사실은 한 마디도 마음에 두지 않았다. 엄마가 말을 많이 하면, '어쩜 저렇게 귀찮지도 않을까?', '어쩜 저렇게 잔소리를 할까?'하고 생각했다. 맞다. 남편과 당신의 심경이 완전히 똑같다. 그는 거기에 한 마디 덧붙일 것이다. "아내랑 결혼을 한 건지 엄마랑 결혼을 한 건지 다른 게 없네." 이런 마음속에 손톱만큼의 감사도 있을 리가 없다.

이런 질문이 있었다. "이 문제에 대해 남편과 정말 이야기하고 싶지만, 남편을 귀찮게 하고 싶지는 않은데, 방법이 있을까요?" 그래서 나의 소소한 경험을 여러분과 나누려고 한다. 첫째, 그와 분명한 규칙을 정해야 한다. 예를 들어 "방 안 어지럽히지 말아요."라고 말하면 안 되고, 명확하게 "더러워진 양말은 벗어서 세탁기 안에 꼭 넣으세요."라고 말해야 한다. "어떻게 이렇게 늦게까지 게임을 해요?"라고 말하면 안 되고, 분명하게 "11시에는 반드시 컴퓨터를 꺼요."라고 말해야 한다. 둘째, 집에 오자마자 왜 집안일을 하지 않느냐고 비난해서는 안 된다. 이렇게 말해볼 수 있다. "여보, 나도 퇴근하고 오면 너무 피곤해서, 밥하고 싶지 않아요. 당신은 어떻게 하는 게 좋다고 생각해요?" 남편에게 스스로 참여하고 싶은 마음이 생기게 하고, 또 당신의 어려움을 분담하게 해야 한다.

사실 내 개인적으로는 집안일을 안 하는 것에 대한 가장 좋은 해결 방법은 파트타임 도우미를 부르는 것이다. 나도 개인적으로 집안일 하는 것을 무척 싫어한다. 만약 계속 남자 친구에게 하게 한다면 일단은 내가 미안할 것이고, 두 번째는 시간이 길어질수록 그 사람 마음도 분명 즐겁지 않을 것이다. 두 사람 사이에 갈등이 생기게 하기보다는 차라리 돈을 써서 문제를 해결하는 것이 낫다. 또한 나는 늘 생각하는데, 만약 내 남자 친구도 나처럼 정말 집안일 하는 것을 싫어한다면? 나는 그것으로 인해서 그를 싫어할까? 답은 '그렇지 않다.'이다. 그래서 나는 이 문제에 대해서는 마음이 놓인다. 만약 돈을 써서 우리의 분쟁을 해결할 수 있다면, 나는 매우 합리적이라고 생각한다.

남자 친구를
부모님 마음에 들게
하는 비법

최근에 내 친구 중에 쟈쟈라는 어린 친구에게 남자 친구가 생겼는데, 두 사람 모두 나이가 많지 않다. 그녀의 아빠가 마침 출장으로 베이징에 와 계셔서 이 남자 아이를 보고 싶어 하셨다. 그 전에 쟈쟈는 베이징에서 학원에 등록했는데, 등록비 600위안을 남자 아이가 내줬다. 같이 식사할 때, 쟈쟈의 아빠는 돈을 꺼내 남자 아이에게 돌려주려고 했다. 남자아이가 받지 않겠다고 하며, 쟈쟈의 일은 바로 자신의 일이며, 이 정도 돈은 사양하지 않으셔도 된다고 말씀 드렸다. 그러나 쟈쟈 아버지는 완강히 "그러면 안 되지, 그건 그거고 돈은 받아야 하네."라고 말했다. 두 사람은 계속해서 밀고 당기고 하다가, 결국 남자 아이는 쟈쟈 아빠의 완강함에 돈을 받았다. 그 결과, 큰일이 났다! 남자 친구가 돌아가고, 쟈쟈 아빠는 얼굴이 어두워지더니 "얘는 안 되겠다. 600위안 정도의 돈도 너를 위해 쓰는 걸 아까워하다니."라고 말씀하시는 것이다. 쟈쟈는 어찌해야 할 줄 몰라 내게 도움을 청했다. 분명히 그녀의 아버지가 완강하게 끼워 넣어 주신 것이고, 게다가 공공장소에서 밀고 당기고 하는 건 참으로 보기가 안 좋아서 남자 친구가 억지로 받았던 것이기 때문이다. 그래서 내가 그녀에게 아이디어를 하나 주었다. 남자 친구더러 600위안이 넘는 선물을 사서 아버지께 선물하라고 말이다. 과연, 그녀의 아버지의 생각이 변하기 시작했다.

사실, 아빠 엄마가 남자 친구를 받아들이게 하는 것은 매우 간단한데, 첫째가 바로 선물을 가져가는 것이다. 부모님을 뵈러 갈 때, 부모님이 계속 사양하시고, 집에도 부족한 것이 없다며, 물건을 살 필요가 없다 하더라도, 반드시 사고, 사고 또 사야 한다. 이전에 사귀었던 남자 친구가 우리 집에 왔다. 우리 부모님은 "뭐 들고 오지 마라. 안 그래도 돼."라고 말씀하셨다. 내가 과일 바구니나 가져가자고 말했더니, 남자 친구가 "그러면 되냐?" 하더니만 담배, 술, 찻잎, 제비집에다가 엄마께는 태블릿 PC를 사드렸다. 그 남자 친구와 헤어진 후에도 엄마는 그 아이가 괜찮았다며 말씀을 하시곤 했다. 그래서 남자 친구를 데리고 집에 갈 때는 제발 남자 친구에게 돈 쓰게 하는 것을 미안하게 생각하지 말고, 반드시 대의를 알려주고, 자신이 돈을 보태더라도 묵직한 선물을 들고 나타나야 한다.

둘째, 이 단계는 완전히 당신이 해야 일인데, 전해드릴 선물을 만드는 것이다. 예를 들어, 나는 집에 갈 때 늘 슈크림을 가져가는데, 엄마가 특별히 좋아하시는 것이다. 그러나 나는 내 남자 친구가 사준 거라고, 특별히 엄마 드리라고 가져가라고 했다고 말한다. 엄마는 당연히 좋아하면서 내게 엄마가 잘하시는 요리를 만들어서 남자 친구에게 가져다주라고 하신다. 마찬가지로, 나는 음식을 남자 친구에게 주면서 "내가 다 질투가 나려고 하네. 엄마가 얼마나 자기를 생각하시는지 봐. 집에 가서 밥 먹는데 자기한테도 하나 가져다주라고 하시더라. 어떻게 된 게 친딸한테보다 대우가 더 좋다니까?" 남자 친구는 감동해서 미래의 장모님께 효도할 것이다. 사람과 사람 사이에서 서로에게 잘하는 것은 사실 공 한 개 패스하는 차이이다. 남자 친구와 가족의 중개자로서 당신은 이 임무를 감당할 수 있다.

세 번째 단계는 '쌍황(雙簧)'이라고 부른다. 쌍황은 중국 곡예의 일종으로 한 사람은 무대에서 동작을 맡고, 다른 한 사람은 뒤에 숨어서 무대 연기자의 동작에 맞추어 대사와 노래를 맡는 공연 예술이다. 쌍황에서 동작을 하는 연기자와 대사와 노래를 하는 연기자가 마음이 잘 맞아야 하듯이, 이 방법은 남자 친구와 먼저 상의가 된 후에, 잘 사용하면, 효과가 매우 좋을 것이다. 한 번은 우리 엄마가 전기밥솥으로 밥을 하고 계셨는데, 조심하지 않아서 컵이 솥 안쪽 아래에 들러붙었다. 밥을 할 때, 계속 타는 냄새가 났는데 한참을 찾고 나서야 발견하였다. 우리 엄마는 계속해서 "아이고, 미안하다. 내가 잘못했네."라고 하셨다. 며칠이 지난 후, 엄마가 또 밥을 하시는데, 엄마께 "솥 아래 잘 살펴보세요."라고 농담을 했다. 엄마도 웃으셨는데, 내 남자 친구가 끼어들더니, "너 참 잘났다. 어머님이 밥하시기도 힘드실 텐데, 넌 실수 안 할 자신 있어? 뭐 그런 일을 일부러 말하고 그래?"라고 하는 것이다. 엄마는 당시 감격해서 나는 며느리고 그가 자신의 친아들로 생각됐다나 뭐라나? 이런 일을 많이 이용하면, 남자 친구가 당신 부모님과 같은 편에 서 있게 될 것이다. 그러나 결국 당신은 친딸이잖나. 당신을 나무라더라도, 그것은 역시 '내부 갈등'일 뿐이다.

Appendices

◆

만능 팁

일부러 억지 부리는 것을 두려워하지 마라. 책 전체에서 여러분에게 어떻게 분수에 알맞고 철이 들어야 하는지를 가르쳤지만, 여러분이 모두 가식적인 여성으로 변하게 될까봐 무척 겁이 난다. 까다롭지 않은 여자는 아무도 사랑하지 않는다. 이것은 진리이다. 그래서 분수에 맞고 대범한 것 이외에, 여러분은 까칠하게 구는 것도 잘 배워야 하는데, 단지 분수를 잘 파악하기만 하면 된다.

좋아하는 남자 앞에서
술을 마셔야 할까

여러분은 분명히 많은 드라마에서 여자 주인공이 술이 엉망으로 취해서 남자 주인공의 등에 업혀 집에 돌아가는 것을 보았을 것이다. 돌아오는 길에 마음의 문이 열리고, 두 사람의 감정이 훨씬 발전된다. 이런 일은 드라마에서나 있을 수 있는 일이니, 모두 정신 차려라!

먼저 여러분은 술에 취하는 것은 정말 좋지 않다는 것을 반드시 믿어야 한다. 몸에 좋지 않은 것뿐만 아니라, 몸에 좋지 않은 것은 차치하고서라도, 술에 취하면, 먼저 자신의 혀를 통제할 방법이 없어져서, 하지 않아야 할 말을 할 가능성이 많다. 아마도 당신이 그전까지 만들어 놓은 성숙하고 귀엽고 부드러운 이미지를 전부 날려버릴 수도 있다. 잘 아는 아주 예쁜 모델은 평상시에는 온유하고 친근하고, 얼마나 귀여운지 모른다. 그런데 술을 많이 마시면 노래방의 탁자 중간에 서서 유리잔을 들고 보이는 사람에게 던져서 정말 무섭다. 그 다음은 당신이 생각해봐라. 술자리에서 한 여자 친구가 엉망으로 취한 것을 보았을 때, 보기 싫다고 생각해 본 적 없나? 그녀가 바닥에 누워서 입 안 가득 침을 머금고 있거나, 여기저기에 다 토해놓거나 할 수도 있는데, 이런 여자를 좋아할 남자는 절대로 없을 것이다. 또한 만약 한 남성이 당신을 좋아하는데, 당신이 취했으니 꼭 집에 데려다 주고 싶다고 한다고 치자. 술에 취한 사람은 절대로 TV에서처럼 그렇게 가볍지 않고, 잠들어 축 늘어진 사람처럼 훨씬 더 무겁다. 45Kg 나가는 내 친구도 매번 취할 때마다 세 사람이 겨우 그녀를 데리고 집에 온다.

특별히 더 중요한 것은 술에 취했을 때 나쁜 사람이 집에 데리고 갈 확률이 많지, 남자 주인공이 집에 데리고 가는 것이 아니라는 것이다. 당신 주변에 나쁜 사람이 없다고 하더라도, 남자들은 '이 여자는 정말 제멋대로구나. 술을 이렇게 겁도 없이 마시네.'라고 생각하게 될 것이다. 더 하물며, 술자리에 여자가 당신만 있을 때는 더 조심해야 한다. 너무 많이 마시고 있으면, 다른 일행의 여성으로부터 "저 여자는 술을 엄청 좋아하나 보네. 많이도 마신다. 지난번에도 많이 마시던데 집에는 누구랑 가나?"라고 하는 걱정 섞인 이야기를 들을 수도 있다.

그래서 나의 결론은 술을 마시지 말라고? 아니다! 여러분은 너무 어려서 너무 단순하다(too young too simple). 술은 마셔도 된다. 그러면 어떻게 마실까?

1. 한 잔에서 두 잔 정도, 얼굴이 발그레해질 때까지만 마신다. 당신에게 백만 원을 준다고 해도 더는 마시지 마라.

2. 얼굴이 발그레해지면, '연기'를 시작해라. 예를 들어 이 때 남신과 약간의 신체 접촉을 해도 귀여울 것이다. 그에게 기대거나, 그의 팔을 잡거나, 그에게 기대어 걷거나, 그의 머리카락을 만지거나, 술기운 때문에 이런 일이 모두 아주 순조롭게 이루어질 것이다.

3. 맞아 죽어도 내가 한 말을 안 듣고, 기어코 고백을 해야겠다면, 약간 취했을 때 고백하면 전군이 전몰되지는 않을 것이다. 술기운을 빌려서 "넌 정말 귀여워, 나 정말 너 좋아해." 이런 식의 말을 할 수 있는데(절대로 "나는 네 여자 친구가 되고 싶어" "우리 사귀자" 같은 말은 하지 마라.), 이렇게 하면 진격했다가도 공격과 후퇴를 지킬 수 있다. 만일 거절을 당하면, 술 핑계를 대면 된다.

4. 가장 중요하니 밑줄을 쳐라. 남자들은 술에 취한 여성은 아무렇게나 해도 된다고 생각할 수도 있는데, 그렇게 되면 우리는 상대방과 정반대의 방법을 써야 한다. 술에 취한 것을 잘 이용해서, 술을 얼마나 마셨든지 잔 다르크의 모습을 내보여야 한다. 어떤 사람이 당신

에게 두부를 먹으라고 하면, 당신은 취기를 빌려 그의 뺨을 때리고, 절대로 아무도 당신을 집에 데려다주지 못하게 하고, 엉망으로 취했지만 끝까지 버티는 연기를 해야 한다. 남자는 분명히 당신에게 숙연해질 것이고, 당신은 정말로 외모는 섹시하고 마음은 보수적인 훌륭한 여성이라고 생각할 것이다.

술을 마시는 것은 연애의 여정에서 지름길이다. 익숙하지 않은 사람과는 술을 몇 번 같이 마시면, 관계가 가까워지기 쉽다. 그래서 당신의 주량이 좋다면 마음 놓고 마시고, 살짝 취했을 때 연기를 잘하면 이동식 스포트라이트가 당신 한 사람의 온몸을 찍고 있을 것이다. 만약 술을 잘 못 마신다면, 그래도 두려워하지 마라. 우리에게는 블로셔라는 좋은 친구가 있다. 화장실에 가서 화장을 고치고 돌아오면, 당신은 바로 '방금 바다의 신선들이 사는 섬에서 떠오른 달' 같은 양귀비의 얼굴처럼 예쁠 것이다.

절친 애인의 외도,
알려줘야 할까

제목에 대한 답: 절대로 안 된다!

　더할 나위 없는 절친이라도 그 친구의 사생활에 관여할 수는 없다. 그녀가 묻는다면, 나는 이렇게 말할 것이다. "이런 상황에서 나는……. 그렇지만 내가 어쨌든 너는 아니니까. 내가 네 대신 판단하거나 네 대신 선택할 수는 없어." 왜냐하면 당신은 영원히 그녀가 아니고, 두 사람의 감정에서 그녀가 세세한 것까지 전부 당신에게 알려줬다 하더라도, 결코 진정한 동질감을 느낄 수는 없기 때문이다. 감정이라는 것은 바로 '물을 마시는 것처럼, 차갑고 따뜻한지는 스스로 아는 것'이다.

　만약 당신이 그녀의 남자 친구가 찌질남이고 XX 자식이라고 생각한다면, 친구를 좀 멀리하는 것이 좋다. 왜냐하면 나는 어쩔 수 없이 독하게 한 마디 할 것이기 때문이다. "한 가족이 아니면, 한 집에 들어가면 안 돼." 당신 절친과 찌질한 XX 자식이 죽었다 깨어나도 사랑하는 정도라면, 그들이 같은 종류의 사람임을 증명하는 것이 된다. 조용히 그들이 헤어져서 다른 사람에게 해를 끼치지 않도록 축복해주는 것 외에는 아무것도 할 수 있는 것이 없다. 만약에 당신의 절친이 찌질한 XX 자식에게 상처를 받아 만신창이가 되었다면, 그래도 잘됐다. 왜냐하면 남쪽 벽을 받아 고개를 돌릴 수 있었던 것이지 당신이 권할 필요가 전혀 없었기 때문이다. 그녀가 벽에 부딪혔는데, 계속해서 부딪히려고 한다면, 그것은 개인적인 취향 문제이니 당신이 아무리 말려도 그녀는 듣지 않을 것이다. 당신의 절친이 미성년자라면, 경찰에 신고할 수 있겠지만, 성인인 경우에는 마땅히 자기의 선택에 대해 책임을 져야 한다.

예전에 내 친구 한 명이 내기 거는 것을 좋아하는 남자 친구와 사귄 적이 있었다. 여러 번 같이 밥을 먹었는데, 그녀의 남자 친구가 갑자기 쫓아와서, 그녀에게 돈을 달라더니 가버렸다. 그 뒤엔 여러 번, 그녀는 맞아서 얼굴에 푸른 멍이 든 적이 있다. 처음에 우리는 이 남자랑 빨리 헤어지라고 권했는데, 그날 저녁에 그들이 화해할 줄 누가 알았겠는가? 그녀는 우리가 어떻게 그를 떠나야 하는지를 알려줬던 것까지도 전부 그 남자에게 말했다. 결과적으로 이 남자는 우리를 보면 눈을 부라리며 화를 내고, 매우 불쾌해했다. 우리는 양쪽 모두에게 욕을 먹었다. 절친이 아무리 친하다고 해도 한 침대에서 자는 애인을 넘을 수는 없다. 따라서 나는 다시는 말하지 않았다.

또 한 가지 상황은 말하기가 어려운 것이 당신의 친구가 이 일을 아는지 모르는지를 진짜 모르기 때문이다. 모두가 여자는 셜록 홈스라고 말한다. 두 사람이 사귈 때, 남자 친구에게 다른 마음이 생기면, 여자 친구가 모르는 상황은 극히 적다. 기본적으로 여자의 직감은 레이더보다 훨씬 영험해서, 타인이 여러 가지 참견할 필요가 전혀 없다. 내 대학 동창 한 명은 줄곧 자신의 연애를 과시하는 것을 좋아해서, 남편이 그녀에게 얼마나 잘 해주는지를 늘 자랑했다. 하루는 다른 친구가 그녀의 남편이 다른 여자를 데리고 방을 빌리는 것을 보았다. 우리는 그녀에게 알려주어야 할지 말지 무지 고민했다. 왜냐하면 그렇게 애정을 과시했었는데, 우리가 가서 이런 말을 하면, 질투한다고 생각할 것 같았기 때문이다. 하지만 우리는 그녀가 이 상황을 전혀 모르고 있을 것을 걱정해서 그녀와 사이가 가장 좋은 친구 한 명만 보내서 이야기해 주기로 결정했다. 결과는 우리 모두의 예상을 뛰어넘어, 그녀는 진작부터 자기 남편의 외도를 알고 있었다. 그녀는 계속해서 애정을 과시했었기 때문에 체면이 깎일까 두려웠고, 그녀 생각엔 자신의 남편은 돈이 많은 것 외에는 어떤 것도 다른 동창들 남편과 비교가 안 된다고 생각해서 쇼를 해왔던 것이었다. 이 이야기를 들으니 마음이 짠하기는 했지만, '친구의 남편이 외도하면, 내 스스로 장님이 되고, 절대로 참견하지 않아야 한다.'는 관점이 맞는다는 것을 다시 한 번 확인한 셈이다.

　만약 당신의 절친이 정말 단순한 백치라면, 여러 방향의 생각들이 나와야 한다. 당신이 반드시 이야기해야 한다고 생각한다면, 내 마지막 양심에서 나온 조언을 해야겠다. 친구에게 이야기할 때는 절대로 직접적으로 이야기하지 말고, 빙빙 돌려서 말하면서, 충분한 여지를 남겨두어야 한다. 한 번은 친구 그룹에서 실수로 잘못 눌러 내 절친의 남자 친구에게 메시지를 보냈는데, 그가 상태 글을 바꾼 것을 발견했다. 바꾼 것은 게임 속의 이름이었는데, 내가 알기로 이 게임은 보통 여자 아이들이 하는 것이었다. 약간 의심스러운 마음이 있어서 그의 친구 그룹을 열어서 자세히 보았더니, 셀카를 거의 찍지 않는 그가 찍은 셀카가 한 장 있는 것을 발견했다. 사진을 열어 크게 확대해서 보았더니 선글라스에 반사된 빛으로 볼 수 있었는데, 그는 당시 운전석 옆 조수석에 앉아 있었고, 옆에는 가느다란 하얀 팔이 있었다. 그런데 내 절친은 운전을 못한다. 그래서 나는 이 사진을 내 절친에게 보내면서 "너희 차 바꿨나봐?"라고 했더니, 내 친구는 "아니, 이거 다른 사람 찬데… 내 남자 친구 출장 갔는데, 친구가 마중 나온대." 나는 "그 친구 피부가 정말 하얗네." 그리고 나서는 아무것도 말하지 않았다. 당연히 그녀는 마지막에 남자 친구가 전 여친을 몰래 몰래 만나고 있었다는 것을 알게 되었다. 당신이 친구의 남자 친구가 외도하는 것을 꼭 알려주어야겠다면, 반만 이야기하고 나머지는 친구의 몫으로 남겨 두는 것이 좋을 것 같다.

유부남의 구애를
거절하는 법

이 세상에는 전 세계 여자들이 모두 그의 후궁이라고 생각하는 뻔뻔한 남자들이 너무나 많다. 분명히 이미 결혼했음에도 불구하고 당신을 유혹하려고 한다. 확실히 이렇게 비교적 진화가 덜 된 생물이 곳곳에 있는데, 당신에게 몇 번을 거절당했지만 여전히 계속 찔러보며, 이런 모습을 내보인다. "다 성인인데, 좀 놀면 어때?" 또는 "네 체면 세워주려고 이러는 거야."

이런 말을 들으면 당연히, 누구라도 따귀 한 대 갈기고 그를 멀리 쫓아버리고 싶을 것이다. 이런 사람들은 거울을 들고 자신을 잘 비춰보면 좋겠다. 아마도 말라비틀어진 수박같이 생겼을 텐데, 자신이 대단한 인물이라도 된 양 이런 만행을 저지르다니 정말 어이가 없다. 안타깝게도, 이 사람들은 당신네 사장, 팀장, 고객일 가능성이 크다. 비록 많은 사람이 "그 직장 그만둬요! 왜 그런 억울한 일을 당하면서까지 거기서 일하세요?"라고 말하더라도, 그럴 수 없는 것이 현실이다. '그만두라'고 말하기는 쉽지만, 그 일이 당신이 매우 좋아하는 일이라면? 전도유망한 일이라면? 또는 대단한 공을 들여야만 얻을 수 있는 일이라면? 당신은 결코 그 일을 그만두기가 쉽지 않을 것이다. 여기에서는 이런 유부남들이 스스로 어려움을 깨닫고 물러나도록 할 수 있는 방법에 대해 이야기하겠다.

내 친한 친구 커우나이신의 이야기를 들려주겠다. 그녀는 전에 타이완 한 방송국의 진행자였다. 그 회사의 사장은 유부남이었는데, 그녀를 특별히 좋아해서, 일이 있든 없든지 늘 그녀를 불러냈다. 전에 몇 차례, 여러 가지 핑계를 대며 거절했다. 어느 날 저녁 아마도 11시, 12시쯤 일을 마치고 이미 집에 돌아갔다. 이 남자가 전화를 하여 "나이신, 나와서 야식 먹자."라고 하는 것이다. 그녀는 "너무 늦었어요. 내일 일찍부터 일해야 해요."라고 대답했다. 남자는 "한 잔만 하자는 건데 뭘. 시간 너무 오래 빼앗지 않을게." 커우나이신이 말했다. "정말로 너무 늦어서 나가고 싶지 않아요." 사장이 말했다. "어때? 내 체면이 뭐가 되냐? 꼭 그래야겠어?" 이 때, 당신이라면, 어떻게 했었을까? 계속 피하면, 아마도 사장이 화를 낼 것이고, 앞으로 당신을 못살게 굴 것이다. 만약 나갔다면? 어쩌면 유리한 위치에 올라갈 수도 있을 것이다. 이 때, 커우나이신은 매우 똑똑하게 이야기하였는데, 여러분 모두 중요한 부분에 밑줄을 긋고, 외우길 바란다. 그녀는 이렇게 말했다. "오라버니, 사실 제가 굉장히 오래 전부터 오라버니 좋아했어요. 이제껏 계속 오라버니를 거절했던 건 제 마음을 자제하기 위해서였어요. 오라버니는 부인이 있는 사람인데, 제가 진지하게 될까봐 두려웠고, 일단 진지해지면 제 감정에 빠져서 오라버니네 가정을 깨뜨리는 일을 할 수도 있을 것 같아서요. 저는 그러고 싶지는 않아요. 사람들한테 손가락질 당하고 싶지도 않고요. 그러니까 오라버니, 저는 못가요. 제가 오라버니를 너무 깊이 사랑해서 갈 수가 없어요." 이 오라버니는 다 듣고 나서 말을 더듬더듬거리며 말했다. "나이신, 너도 참. 뭘 이렇게 진지해?" 이날 이후, 그는 다시는 커우나이신을 더 이상 괴롭히지 않았고, 아울러 업무에서도 그녀를 적극적으로 도와주었다.

여러분들은 이해가 됐는가? 물의 흐름에 따라 배를 밀어야 배가 앞으로 나아가듯이 순리에 역행하지 않으면서도 상대는 충분히 체면을 세울 수 있도록 해주어야 한다. 남자는 자신에 대한 당신의 숭배를 즐기면서 일에 있어서도 자연히 당신에게 더 큰 도움을 줄 것이다. 또한 그는 결코 이 일이 소문이 나서 사람들 입에 오르내리게 하고 싶지는 않기 때문에, 더 이상 당신을 힘들게 하고, 강요할 수가 없을 것이다.

번외 편: 만능 팁

정말 **빠르다**. 눈 깜짝할 사이에 이 책이 곧 끝나간다.(사실 그렇지는 않다. 한 권 퇴고하는 데 1년이 걸린 사람이 이런 말을 할 자격은 없다!) 남은 부분은 번외 편으로, 개인적으로 생각할 때 유용한 작은 기술들을 하나하나 여러분과 공유하려고 한다.

첫 번째 팁: 일부러 억지 부리는 것을 두려워하지 마라. 책 전체에서 여러분에게 어떻게 분수에 알맞고 철이 들어야 하는지를 가르쳤지만, 여러분이 모두 가식적인 여성으로 변하게 될까봐 무척 겁이 난다. 까다롭지 않은 여자는 아무도 사랑하지 않는다. 이것은 진리이다. 그래서 분수에 맞고 대범한 것 이외에, 여러분은 까칠하게 구는 것도 잘 배워야 하는데, 단지 분수를 잘 파악하기만 하면 된다.

남자는 매우 '천(賤)한' 동물이다. 이 '천(賤)'이라는 글자에는 모욕적인 성분이 전혀 없으며, 순수하게 객관적인 묘사이다. 따라서 달콤한 대추를 한 알 준 후에 가끔은 그들에게 따귀 몇 대를 날리고, 가끔은 떼를 쓰는 것도 매우 유용하다.

"나, 당신이 정말 보고 싶어요. 지금 즉시 만나고 싶어."

"갑자기 아이스크림이 먹고 싶은데, 어떡하지? 안 먹으면 죽을 것 같아. 자기가 사다줘요."

(한밤중에도 이렇게 할 수 있다. 그러나 한밤중에 고급 아이스크림을 살 수 없다면, 편의점에서 파는 아이스 바 한 개를 먹어도 즐겁게 집에 돌아가는 수준 정도의 까탈스러움이어야 한다.)

"하이힐이 너무 아파, 우리 착한 백마님 나를 업고 서역에 불경을 가지러 갈 수 있겠어요?"

어쨌든 남자는 여자가 '감성적인 동물'이라고 생각하기 때문에, 심지어 '까다롭지 않고 소란스럽게 안 하는 너무 성숙한' 여인은 진심으로 자신을 사랑하지 않는 것이라고 생각한다. OK! 우리가 당신들을 아주 만족시켜 주겠다.

두 번째 팁: 평상심을 놓고, 돌발적인 번개를 받아들이라. 전에도 말했는데, 만약 남자가 오후에 당신과 저녁 먹자고 약속을 한다면, 답하지 말고, 당신이 너무 한가해서, 아무 때나 집에서 데이트하기

를 기다릴 것이라고 생각하게 하지 마라. 그러나 만약 인기가 너무 좋은 남성, 당신의 남신이 저녁나절에 당신에게 저녁 먹자고 하면 즉시 대답해야 한다. 왜냐하면 직접 만나는 것이 메신저에서 채팅하는 것보다 훨씬 좋으며, 얼굴을 맞대고 만나는 것이 인터넷보다 쉽게 감정이 피어나게 한다. 남자는 모두 시각적인 동물이라서, 당신을 볼 수 없을 때보다 더 쉽게 당신을 사랑하게 될 것이다. 게다가, 남자의 마음속에서 어떤 일도 충동적일 수 있기 때문에, 갑작스럽게 당신에게 데이트하자고 하는 것이 예의가 아니라는 것을 모른다(이렇게 진화가 훨씬 덜 된 종을 용서해라.). 우리 아빠는 오후에 종종 전화를 해서 엄마한테 말씀하신다. "저녁에 친구 몇 명이 집에 와서 저녁 먹기로 했어." 아빠는 한 상을 차려내려면 재료를 사고, 씻고, 아마도 절임이 필요한 것도 있고, 재료를 자르고 조리하기까지 적어도 하루의 시간이 필요하다는 것에 대한 개념이 전혀 없다. 그는 아주 신나서 왔고, 그의 되는대로 친구들에게 전화를 하여, 우리 집에 와서 식사하라고 초대하였다. 엄마는 아빠의 이런 '군대식 훈련'에 단련되어 이미 두 시간 내에 마술처럼 한 상을 거하게 차려낸다.

세 번째 팁: 지식이 없음을 두려워하지 말라. 이해 안 되는 일을 만났을 때는 주저하지 말고 바로 물어라. 상식만 아니라면, 어떠한 문제를 묻든지 남자는 모두 '이 바보 같은 어린 아가씨, 정말 귀

엽네.'라고 생각한다. 그는 아주 큰 성취감을 느낄 것이다. 내 동료인 샤오신은 아주 박학다식한 남자 친구가 있는데, 평상시에 그녀의 '살아 있는 사전'으로, 두 사람은 사이가 매우 좋다. 그가 그녀에게 일련의 과학 보급 공공 계정에 관심을 가지라고 추천한 때부터 매번 그녀의 남자 친구는 그녀와 잡다한 지식을 공유해서, 샤오신은 이렇게 말할 수 있다. "오늘 푸시(push)된 내용은 들어봤던 거네." 그녀의 남자 친구는 화가 나서 죽을 지경이었다. 남자는 선생님 노릇 하는 것을 매우 좋아하니, 당신은 대담하게 나타내라. "정말? 왜 이렇게 될 수 있지!" "와, 정말 신기하다. 빨리 나한테 이야기해줘요." "그럴 리가, 거짓말! 정말 재밌어요." 이런 지식에 대한 충만한 갈구와 그에 대한 충만한 숭배하는 얼굴을 남자들은 매우 즐긴다.

네 번째 팁: 손을 움직일 수 있으면 되도록 입으로 말하는 것은 하지 마라. 사실 몸으로 표현할 수 있는 정서적인 말은 입을 사용할 필요가 없다. 팔을 쓰다듬고, 손을 그의 어깨에 올려놓고, 말할 때는 되도록 낮은 소리로, 그가 당신에게 가까이 오게 한다. 일부러 하이힐을 신고, 계단을 걸어가면서, 그를 붙잡는다. 이 모든 것의 전제는 바로 '자연스러움'이다. 동작은 짧아야 하고, 다했을 때는 바로 놓는다. 반드시 "아, 너무 흥미진진해서 무의식적으로 팔을 잡았네. 아무 뜻 없었어요." "특수한 상황이었기 때문에 자기 몸에 손댄 거였어

요. 일부러 만진 건 아녜요." 내가 계속해서 상대를 직접 만나야 한다고 강조하는 이유는 무엇일까? 남자들이 원거리 연애할 때 늘 변심하는 이유는 뭘까? 그 이유는 그들에게 '스킨십 결핍증'이 생기기 때문이다. 이런 스킨십은 만 마디의 사랑의 언어보다 훨씬 유용하다.

다섯 번째 팁: 하고 싶은 말은 반대말로 해야 한다. 당신이 고백하고 싶을 때, "사랑해요."라고 말해서는 안 되고, "미워요."라고 해야 한다. 당신이 상대방의 느낌을 확인하고 싶을 때, "나 좋아해요?"라고 묻지 말고, "자기가 보기에 내가 자기를 좋아하는 것 같아요? 안 좋아하는 것 같아요?"라고 물어야 한다. 당신이 상대방에게 호감을 표현하려고 할 때, "좋아해요."라고 하지 말고, "당신 정말 싫어요."라고 해야 한다. 남자는 위에서 한 것과 같은 정복당한 자의 목소리를 듣는 것을 좋아한다. 그러나 정복당한 자의 목소리가 일단 울리면, 그들은 쫓고 싶은 열정을 잃어버린다. 그래서 사랑의 언어는 반대로 말해야 한다.

여섯 번째 팁: 끝이 없어 보이면 한 보 물러서라. 어떻게 경쟁이 극심한 남자 옆에서 두각을 나타낼 수 있을까? 맞다. 이 단체를 나와라. 그를 쫓는 여인들 안에서, 당신은 순위가 100 등일 수도 있는데, 그러면 당신에게는 99명의 라이벌이 있다는 것을 의미한다. 하

지만 만약 당신이 그의 열혈 팬이거나 좋은 친구로 변하면, 당신에게 아첨하는 99명의 여인이 많아진 것을 의미한다. 그러나 당신은 반드시 이렇게 말할 것이다. "하지만, 저는 그 사람을 정말 좋아해요. 친구하고 싶지 않고, 그와 잘 되고 싶어요." 내가 말한 것은 전술이지 결코 당신에게 정말로 물러나라는 것이 아니다. 우리는 먼저 받아들인다. 죽을 것은 죽고, 물러날 것은 물러나고, 상처받을 것은 상처받을 때까지 기다렸다가, 온유하고 현숙한 여성이 되어서 가볍게 남신을 주머니 속에 넣을 수 있다.

  일곱 번째 팁: 예쁜 여성과 친구가 되어라. 나는 대다수의 여성 주변에는 당신보다 예쁜 여자 친구가 있을 것이라고 믿는다. 당신과 그녀가 함께 있으면, 상대방은 영원히 그녀에게 전화번호를 묻지도 않고, 같이 밥 먹자고 요청하지도 않을 것이지만, 당신은 의붓자식 같다. 당신도 눈부시게 빛나고 싶고, 사람들에게 추종 받고 싶고, 공주가 되고 싶다. 이 때, 당신은 이렇게 말할 것이다. "그럼 나는 너무 예쁜 여자와 같이 있지 않아야겠네. 나보다 못생긴 여자를 찾아서, 나를 돋보이게 하면 되겠네." 다시 한 번 말하는데, '절대로 안 된다!' 예쁜 여성을 쫓는 남자가 많고, 그 수가 어마어마한데, 이면에는 우수한 남자도 상대적으로 많으며, 당신이 그녀의 수하에서 '뜻밖의 횡재'를 했다면, 조건이 훌륭한 남자 2등을 찾을 수도 있다는

것을 알아야 한다. 게다가, 예쁜 절친과 함께 있다고 꼭 남자 1등을 쫓지 못하는 것은 아닌데, 어쩌면 당신의 절친이 남자 1호를 싫어할 수도 있으니, 당신은 드라마의 내용의 표준인 '상처받고 절망한 키크고 돈 많고 잘생긴 남자를 위로하는' 온유한 여자 2호 이미지를 나타내어, 쉽게 손에 넣을 수 있다.

정말로 이 책의 마지막이다! 컴맹인 나는 에필로그를 다 써놓고 빈 문서로 이 문장을 덮어쓰기를 해버려서, 묵묵히 다시 쓸 수밖에 없었다.(푸른 하늘아, 넓은 대지야, 어떤 천사 언니가 내 공유기를 꺼놨을까!)

미드 『프렌즈』의 한 에피소드에서 모니카가 한 여자에게 물었다. "당신은 어쩜 이렇게 훌륭하세요? 당신은 어쩜 이렇게 근사하게 사나요? 당신은 어디서 매일매일 이렇게 좋은 아이디어가 떠오르나요?" 이 여자가 말했다. "왜냐하면 《죽은 시인의 사회》라는 영화를 봤기 때문이에요." 모니카가 말했다. "그 영화가 그렇게 대단해요?" 여인이 말했다. "아니요. 그 영화는 엉망이에요.(사실 그렇지 않다. 매우 훌륭한 영화인데, 『프렌즈』의 각본이 왜 그것을 폄하하는지 모르겠다. 하하하하하하……) 이 영화를 보고 난 후, 저는 깊이 생각했어요. 이렇게 엉망인 영화를 보느라고 내 생명 중 두 시간이 낭비되다니, 지나가버린 시간은 다시 돌아올 수 없잖아요. 내가 뭐라고. 나는 그 때부터 앞으로는 절대로 내 인생을 황폐하게 하지 않겠다고 결정했어요." 내가 말하려고 하는 것은, 나는 매우 두렵고 떨리는 마음으로 온갖 지혜를 다 짜내어 이 책을 다 썼는데, 여러분들이 돈 주고 책을 사서 집에 돌아간 후에 나를 욕할까봐 두렵다. "내 생명 중 소중한 두 시간을 낭비했네."라고.

모든 사람의 사랑은 다 달라서 복제할 방법이 없고, 심지어는 다시 말할 방법도 없다. 이 책을 쓸 때 최초의 희망은 아주 소박해서, 국민 절친인 나의 제한적인 연애 경험을 공유하는 것이었다. 하지만 책에서 말한 것들이 절대로 유일한 기준은 아니다. 나는 늘 평론에서 EQ가 정말 높은 많은 동생들을 보는데, 그들이 내놓는 방법들이 정말 많고, 그 방법들이 모두 멋지다. 여러분은 서로 많이 교류하고, 많이 공유하기를 바란다. 내게 편지를 보내면, 모두 읽을 것이다.(꼭 그렇지 않을 수도 있다.)

모든 방법은 단순 무식하게 당신이 하던 대로 하면 되지만, 여러분 모두가 반드시 용감하게 사랑하는 마음을 품길 바란다. 사랑할 때 상처를 받지 않는다고 확신할 수는 없으며, 사랑하는 그 사람이 당신을 울릴 수도 있지만, 그러나 사랑하지 않는다면, 영원히 그 사람을 만날 수가 없다. 나도 태어날 때부터 연애를 할 수 있는 방법을 알았던 것은 아니다. 나 역시 실수도 해보고, 어리석고, 바보 같았다. 붉은 피를 한 바가지 흘리면서 지금까지 걸어왔다. 사실은 요즘에도 여전히 자주 실수를 한다. 어떤 사람이 이렇게 말했다. "사랑하면 충동적이고 참을성이 없어져서, 책 속에 있는 전략을 기억하기 힘들다." 바로 그렇기 때문에, 많이 연습하고, 많이 인내해야 하며, 더 많이 마음을 써서 잘 경영해야 한다. 두려워하지 마라. 길에 널린 게 사람인데, 이번에 틀리면 좀 어떤가? 중요한 것은 우리는 여전히 계속해서 온유하게 사랑해줄 수 있다는 것이다.

영국의 정치가인 벤저민 디즈레일리(Benjamin Disraeli)[2]는 이렇게 말했다. "나의 일생 동안 아마도 많은 실수를 했을 것이다. 그러나 나는 계속해서 사랑을 위해 결혼을 하려고 했다." 지금 책을 든 당신은 아마도 집에서 결혼에 대한 스트레스를 받고 있을 수도 있고, 막 실연해서 다시는 좋은 사람을 만날 수 없을 것이라고 생각할 수도 있다. 또 지금까지 한 번도 연애를 안 해봤을 수도 있는데……. 상관없다. 여러분, 우리의 갈 길은 아직 멀다. 당신이 더욱 좋은 모습으로 변하길 원하고 계속해서 이 목표를 위해 노력한다면, 당신 앞에 어떤 한 사람이 분명히 당신을 실망시키지 않을 것이고, 나는 여러분과 함께 그 사람 앞까지 걸어가기를 바란다.

---

2) 영국의 정치가.(1804.12.21.~1881.4.19.) 《비비언 그레이》 등 정치소설을 남겼다. 재무장관을 지내고 총리가 되어 제국주의적 대외진출을 추진하였고 공중위생과 노동조건의 개선에 힘썼다. 빅토리아 시대의 번영기를 지도하여 전형적인 2대 정당제에 의한 의회정치를 실현하였다. (출처: [네이버 지식백과] 벤저민 디즈레일리 [Benjamin Disraeli] (두산백과))

나는 개인적으로 따뜻한 마음이나 지혜가 담긴 글을 싫어한다. 그러나 이 책의 마지막에서, 그래도 이 말을 여러분들에게 선물하고 싶다.

나는 전혀 예쁘지 않다.
아마 당신도 그럴 것이다.
나는 한 번도 1등을 해본 적이 없다.
아마 당신도 그럴 것이다.
나는 노래를 부르면 음이 안 맞고, 그림을 그려도 합격을 못하며,
800미터 오래달리기를 해도 결승선에 가지 못한다.
아마 당신도 그럴 것이다.
나는 예전에 야근 수당도 못 받고 야근을 했고, 사장님 대신 누명도 썼는데,
아마 당신도 그럴 것이다.
나는 남자 친구에게 사기를 당하고 그에게 채였는데,
아마 당신도 그럴 것이다.
나는 다이어트를 하면 한 번도 성공한 적이 없고, 채식하기로 해도 끝까지 못하는데,
아마 당신도 그럴 것이다.
그렇지만, 나는 오늘까지 아직 넘어지지 않았는데,
아마도 당신도 그럴 것이다.

연애 대화법? 생소했던 장르의 책이었다. 나는 이 책을 받아들고 나
서야 비로소 연애 비법, 남녀 관계에 관한 책들이 엄청나게 많다는
것을 알게 된 연애에 무지했던 아줌마다. '그래도 결혼해서 살고 있
으니 다행인가?' 하는 생각을 하면서 이 책을 흥미롭게 읽기 시작했
다. 사실 중국인이 쓴 연애 지침서가 우리나라 사람들에게도 공감대
를 형성할 수 있을까 하는 걱정도 살짝 있었지만 책을 읽으면서 어
느새 작가의 글에 공감하고 있는 나를 발견했다.

　저자인 옌공즈(燕公子)는 중국에서 유명한 파워블로거로 책도 쓰
고 TV 프로그램도 진행하고 있는 소위 핫한 인물이다. 저자는 남
녀 관계에서 가장 중요한 것은 말을 잘하는 것이라고 생각한다. 남
성이 여성을 볼 때 일단 외모를 먼저 보겠지만, 결국은 자기와 함께
할 때 편안한 여성을 사랑하게 되는데, 그 때 가장 중요한 것이 여성
의 말하는 센스라는 것이다. 말 한 마디로 천 냥 빚은 못 갚아도 빚

을 지지는 않아야 한다는 것을 강조하고 또 강조하며, 실제 사례들을 예로 들어 연애 초보자들에게 실제적이고 구체적인 이야기를 들려주고 있다. 나이도 그리 많지 않은데 어쩜 이렇게 구체적으로 대화의 해법을 내놓을 수 있을까 놀랍기도 했고, 또 이런 생각들도 들었다. '좀 더 일찍 이런 책을 읽었다면 남편과 좀 덜 싸우지 않았을까?', '남편의 말 속에 있는 의미를 오해하는 일이 줄지 않았을까?', '앞으로는 남편에게 이렇게 이야기해야겠구나!' 등등. 연인 사이가 아닌 일반적인 인간관계에서도 응용할 수 있는 말하기의 기술이라는 생각이 든다.

다만 번역을 하면서 저자가 사례를 들 때 중국 연예인의 실명을 거론한 경우 어떻게 해야 할지 고민이 많이 되었다. 왜냐하면 외모에 대한 예를 들 때가 대부분이고, 또 우리나라에 잘 알려지지 않은 연예인일 때는 실명을 그대로 쓸 경우 독자들이 전혀 감을 못 잡을 것 같아서였다. 고민 끝에 우리나라에 많이 알려진 연예인은 실명 그대로 쓰고, 독자들이 모를 것 같은 연예인은 그와 이미지가 비슷한 우리나라 연예인의 이름으로 대체하였다. 책을 읽으면서 중국 작가가 쓴 책에 우리나라 연예인 이름이 나오는 것을 의아하게 생각할 수 있어서 미리 양해를 구하는 바이다.

마지막으로 이 책을 읽은 독자들이 좋은 연인 관계를 만들어 가기를 바란다.

옮긴이의 말

연애 고수들의 대화법 (원제 : 戀愛口語)

초판 1쇄 인쇄   2021. 2. 15.
초판 1쇄 발행   2021. 2. 19.

지은이   옌공즈
옮긴이   최지선
펴낸이   김형성
디자인   정종덕

펴낸곳   (주)시아컨텐츠그룹
출판등록번호   제406-251002014000093호
등록연월일   2014년 5월 7일
주소   서울시 마포구 월드컵북로 5길 65(서교동), 주원빌딩 2F
전화   02-3141-9671
팩스   02-3141-9673
E-mail   siaabook9671@naver.com

ISBN   979-11-88519-21-7 03190